Gisela Osterhold

# Veränderungs-
# management

Visionen und Wege
zu einer neuen
Unternehmenskultur

*Für dich*

# Inhalt

# Vorwort

Über das, was morgen ist, haben wir keine Kontrolle, das gibt uns Raum zum Träumen. Sich keine eigenen Träume zu erlauben, nicht zu wissen, dass aus ihnen die Kraft für Ungewöhnliches und die Ausdauer für Unglaubliches erwächst, macht uns arm. Als Kinder waren wir anders: neugierig, allem Neuen zugewandt und durch die Warnungen der Erwachsenen oft nicht abzuschrecken. Unsere Welt braucht dringend Menschen, die sich nicht ängstlich zurücknehmen, sondern begeistert suchen, wo es etwas zu entdecken gibt, Menschen, die sich die eigenen Ideen nicht von vorgefertigten Lösungen versperren lassen. Wo auch immer unser Platz ist und worin unsere Verantwortung besteht, wird uns die Liebe zu Menschen langfristig mehr Erfolg bringen als Konkurrenz und Feindseligkeiten. Unsere wichtigste Aufgabe ist es, den eigenen Erfolg nicht auf Kosten anderer zu suchen und trotzdem in unserem Wirkungskreis Beziehungen und Strukturen zu verändern und zu verbessern.

Mein herzlicher Dank und meine Verbundenheit gilt allen, die dazu beigetragen haben, meine Gedanken zu entwickeln und weiterzubringen; die mir ihre Ideen mitteilten; von deren Wissen und Erfahrung ich lernte; mit denen ich arbeitete und die mich aktiv unterstützten, mir Mut zusprachen und mir vertrauten.

*Gisela Osterhold*

# Überblick

D ieses Buch will Ihnen ein Ratgeber sein und Sie durch das Gebiet des Veränderungsmanagements führen. Es beschreibt einen neuen Ausgangspunkt zur langfristigen Sicherung des Unternehmenserfolges. Das Buch basiert auf neuen Erkenntnissen der Sozialwissenschaften, vor allem der modernen Systemtheorien und dem daraus hergeleiteten systemischen Ansatz in Beratung und Therapie:

1. das Verständnis für die Natur und Logik vom Gleichgewicht und von Unterschieden,
2. die Werte einer Veränderung in der Unternehmenskultur,
3. Konzepte für das Veränderungsmanagement,
4. Handwerkszeug für die Veränderung der Unternehmenskultur.

Teil 1 beschreibt die *Philosophie für Unternehmenskultur, den Wandel und die Entwicklung.* Hier sollen das Verständnis und die Voraussetzungen für das Unternehmen als „organische Einheit" geschaffen werden, bestehend aus Unternehmensinteressen, den Menschen und ihren Beziehungen im Unternehmen, den Beziehungen zu Kunden, Lieferanten und dem beteiligten Umfeld.

Das komplexe Zusammenwirken der Teile, die miteinander im Austausch und in Wechselwirkung stehen, wird mit Hilfe systemischen Denkens und Handelns, von Chaoskonzepten und durch das Prinzip der Selbstorganisation verdeutlicht und verständlich gemacht.

Teil 2 beleuchtet die Werte einer Veränderung der Unternehmenskultur: *Was lässt Unternehmen erfolgreich sein?* Es wird veranschaulicht, weshalb viele bekannte Konzepte zur Unternehmensveränderung nur kurzfristige oder geringe Erfolge bringen und weshalb Strategien oft erfolglos bleiben, wenn sie ausschließlich tool-orientiert sind. Schließlich werden Ihnen Einblicke in ein neues Managementkonzept gegeben, das die Unternehmenskultur in den Mittelpunkt stellt.

9

Im Teil 3 geht es um konkrete *Konzepte für Veränderungsmanagement.* Es werden Zustände und Verhaltensweisen beschrieben und wie diese menschlichen Reaktionen einbezogen und wirkungsvoll beeinflusst werden können.

Teil 4 stellt *spezifische Tools und Vorgehensweisen im Veränderungsprozess vor*: In welcher Weise werden Menschen im Unternehmen an den Unternehmenszielen konkret beteiligt? Wie kann das Zusammenspiel von Mitarbeitern, Kunden und Lieferanten sowie wirtschaftlichen Interessen angeregt und organisiert werden? Wie können Unternehmen flexible Veränderungsstrategien entwickeln, um sich auf die zukünftigen Herausforderungen der Märkte, die Bedürfnislagen der Mitarbeiter und die gesellschaftlichen Strömungen auszurichten?

In den einzelnen Kapiteln finden Sie immer wieder *Notizboxen.* Sie sollen die zentralen Aussagen optisch herausheben und ermöglichen dem eiligen Leser einen Überblick und das Springen zwischen den Kapiteln.

# Philosophie für Wandlung und Entwicklung

## VERÄNDERUNG UND STABILITÄT

Am besten, alles bleibt, wie es ist, aber was bleibt schon? Auf den Tag folgt die Nacht, auf den Regen die Sonne, auf den Sommer der Herbst und der Winter, auf das Leben der Tod. Diese natürlichen Veränderungen sind wir gewohnt, jede andere Veränderung begleiten wir zunächst mit Vorbehalt und Zweifel. Wie wollen wir wissen, was am Ende sein wird, bevor wir bereit sind zu starten? Die anderen mögen sich bitte verändern. Es soll aber nach Möglichkeit die eigene Person unbeschadet und unangetastet gelassen werden. Haben wir jedoch Abenteuer und Herausforderungen gewagt und haben sie dann bestanden, sind wir die stolzen Helden, und die Veränderung kann nicht groß genug gewesen sein.

Weshalb reagieren wir auf Veränderung als natürlichen und damit normalen Prozess so vorsichtig und ängstlich? Gerade Krisenzeiten, die eine Veränderung dringend notwendig machen, zeichnen sich eher dadurch aus, dass wir auf Altem beharren, statt Neues zu wagen. Ist es Teil unserer Sozialisation, Gesetzmäßigkeit derer, die etwas zu verlieren haben, oder ein Gesetz der Natur? Menschen wünschen sich Veränderungen:

◆ wenn sie in unerträglichen Situationen leben,
◆ wenn sie mit dem Rücken an der Wand stehen,

◆ wenn sie die dringende Notwendigkeit erkannt haben,

◆ wenn sie Ideen und Visionen haben, über die Zukunft nachdenken oder

◆ wenn sie unruhige Geister sind, die sich in bekannten Abläufen langweilen.

**Notizbox:**

| Krisen-Typ A: Veränderungen, die die Ordnung stören | Krisen-Typ B: Veränderungen, die eine neue Ordnung gestalten |
|---|---|
| ■ Das System entwickelt sich unerwartet, unplanmäßig und chaotisch | ■ Der Veränderungsprozess einer bestehenden Ordnung ist bewusst gestartet worden |
| ■ Die Gestaltungsmöglichkeiten nehmen ab | |
| ■ Die bestehende Ordnung soll erhalten werden | ■ Die Prozesse werden in Feed-back-Schleifen beobachtet und es stehen weitere Optionen zur Verfügung |
| ■ Den Turbulenzen wird durch mehr Kontrolle entgegen-gewirkt | ■ Turbulenzen sind Übergänge in freiwillig gewählte Ver-änderungsprozesse |
| *Verhalten: Ich wehre mich, ich verteidige mich, ich resigniere.* | *Verhalten: Ich gehe nach vorne und steuere aktiv den Verände-rungsprozess.* |

Aus Sicht von Betroffenen können sehr gegensätzliche Wahrnehmungen unterschieden werden: *Veränderungen, die ich bewusst wähle, oder Veränderungen, die mir aufgezwungen werden*, die als plötzlich und zufällig erlebt werden. Allein die Wahrnehmung, ob ich aktiv oder passiv beteiligt bin, kann über Ablehnung oder Zustimmung entscheiden. Obwohl für beide gleichermaßen gilt, dass sie einen Übergang darstellen von Ordnung zu Chaos und wieder zu einer neuen Ordnung, wird es in beiden Fällen Turbulenzen und Irritationen geben. Der Unterschied liegt in unserer Reaktion. Die Gedanken, die Gefühle, die gegebenen Erklärungen und das Handeln sind grundsätzlich anders.

# VERÄNDERUNG BRAUCHT EIN DURCHFÜHRBARES KONZEPT

Wer größere Veränderungen durchführt und sein gewähltes Ziel erreichen will, braucht, wie ein Wanderer, der sich auf Neuland begibt, eine Ausrüstung und Landkarten, um die kritischen Phasen zu meistern. Es mag recht unterschiedliche Gründe für den Wunsch nach Veränderung geben, doch immer gilt: Wer eine Reise startet, kennt global seinen Weg oder sucht sein Ziel durch eine Wegbestimmung und eine Landkarte. Deshalb erscheint es mir auch nützlich, für den Prozess dieser Veränderung Konzepte, Methoden und geeignete Werkzeuge zur Verfügung zu haben, die uns durch den Dschungel der Veränderung führen. Einen Kompass, der uns in unbekanntem Gelände mögliche Wege weist, ohne dass wir uns verirren oder das gesuchte Ziel oder die Mannschaft aus dem Auge verlieren.

Das heißt, wir brauchen ein angemessenes Konzept oder einen Ansatz, der es erlaubt, den Prozess der Veränderung zu gestalten, aber auch zu analysieren, zu begleiten und gegebenenfalls zu korrigieren. Besonders notwendig ist es, auftretende Phänomene oder Krisen zu verstehen, damit wir erkennen, dass Chaos und Ordnung, Zufall und Gesetz, Eigenverantwortung und Kontrolle sich gegenseitig nicht ausschließen, sondern in ihrem Wesen Teile lebendiger Prozesse sind.

In einer Umwelt, die sich ständig wandelt, muss ein Unternehmen die Fähigkeit besitzen, ein durch äußere Faktoren beeinträchtigtes dynamisches Gleichgewicht wieder herzustellen oder auch neu zu entwickeln. Eine Ordnung in dynamischen Systemen ist nur aufrechtzuerhalten, wenn immer wieder Aufbauprozesse ablaufen, die das Leben als einen ständig begleitenden Zerfall kompensieren (vgl. Cramer, 1988). Es sind Voraussetzungen nötig, um sich diesen Herausforderungen anzupassen.

13

## Prozessanalyse

In einer grundsätzlichen Prozessanalyse kann man den Status quo orten und ihn mit dem für die Zukunft gewünschten vergleichen. Jedes beeinflussende Element kann zu diesem Zeitpunkt von Bedeutung sein. Sich für den Status quo des Vergangenen zu interessieren, ist wenig nützlich, weil es lediglich der Fehlersuche und Schuldzuweisung dient. Um Veränderungsprozesse angemessen beschreiben und begleiten zu können, ist es viel nützlicher zu erklären, was sich aktuell ereignet, welche neuen Informationen es gibt und welche Vision den Prozess treibt. Oft ist der Weg zum Ziel gut vorbereitet, aber aktuelle Einflüsse waren nicht vorauszusehen. Um Ziele realistisch anzusteuern, ist die angemessene Beschreibung der aktuellen Situation und geplanten Maßnahmen eine wichtige Voraussetzung. Ziele im Verlauf von Raum und Zeit sind dynamisch. Schon ihre Festlegung muss die Dynamik vorsehen, multiple Anpassungen an auftretende Veränderungen erlauben – gleich dem Surfen: hier bestimmt das Zusammenspiel von Tempo, Weg, Wetter, Strömung, Brett und Können über Spaß und Erfolg.

Konzepte und Theorien, die unser Handeln beeinflussen, müssen dieser Forderung gerecht werden. Die Systemwissenschaft, die Theorie der Selbstorganisation und die Chaosforschung sind in der Lage, den Fluss der Ereignisse fassbar zu machen, komplexe Zusammenhänge zu ordnen und konkretes Handeln zu ermöglichen. Sie geben Grundlage und Orientierungshilfe für unsere Veränderungsprozesse und richten das Unternehmen auf die Zukunft aus.

# *H*ERAUSFORDERUNGEN AN DIE UNTERNEHMENSKULTUR

Drei Hauptströmungen stehen im Unternehmen in einer Wechselwirkung (Abbildung 1):

1. die Unternehmensziele,
2. die Beziehungen der Mitarbeiter im Unternehmen und
3. der Kontext des Unternehmens.

Der Kontext beschreibt das Umfeld, das das Unternehmen beeinflusst, zum Beispiel Märkte, Kunden, Lieferanten und Standorte. Abbildung 1 zeigt ein „sich organisierendes Ganzes", das unterschiedliche Prioritäten ausbildet. Ein einfaches Phänomen der Interessengegensätze: Jedes Element handelt nach der eigenen Bedürfnislage und wird durch die Interessen der anderen Teile beschränkt (Modell 1). *Der Ausgleich liegt zwischen Freiheit und Beschränkung.* Im Zusammenspiel der Beziehungen, im Austausch der Informationen, in den erbrachten Leistungen, aber auch den Beschränkungen, dem Verwirklichen der Interessen und dem Umgang mit den Gegensätzen wird das Unternehmen geformt.

**Abb. 1**     Ökologie und Ungleichgewicht

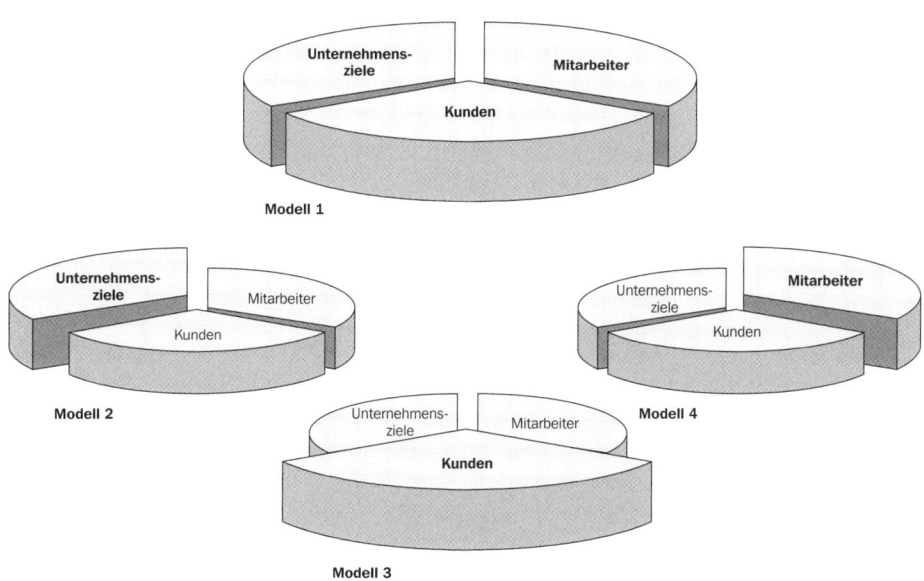

Dabei entstehen Strukturen und werden Strukturen erhalten. Auf dieser Basis werden Strukturen verändert (vgl. Guntern, 1987). Das kann in drei Richtungen geschehen, zum Beispiel:

1. die Komplexität steigt,
2. es werden Elemente ausgewechselt oder
3. die Komplexität wird reduziert.

Ebenso ist man in der Lage, falls nötig, Strukturen wieder aufzulösen, um Gleichgewicht und Ungleichgewicht auszubalancieren.

Je nach Bedürfnislage und äußeren Bedingungen werden sich zu bestimmten Zeiten einzelne Teile mehr oder weniger in den Vordergrund schieben und Bedeutung haben. Dominiert dabei über einen längeren Zeitraum ein Teil, entsteht ein Ungleichgewicht. Das Prinzip heißt dann: Wenn du verlierst, gewinne ich, oder ich verliere, wenn du gewinnst. Ein Nullsummenspiel, in dem die eigenen Ziele und der Unterwerfungsversuch des anderen die Spielregeln und damit die Wechselbeziehung bestimmen. Immer ist einer der Gewinner und der andere der Verlierer. Ein Prinzip kann auch heißen: Individuelle Interessen zählen nicht, erst kommt die Firma, dann die Kunden und zuletzt du. An den Vorgehensweisen, Vorgaben und Verhaltensmustern können wir erkennen, ob Teile ein Übergewicht entwickelt haben (Modelle 2 bis 4 in Abbildung 1). Ist das System im Ungleichgewicht, zeigt sich die Überbetonung eines der Elemente. Entweder ist es der Unternehmensgewinn oder es sind die Kunden oder ganz selten die Mitarbeiter. Im unternehmerischen Handeln interagieren die Teile miteinander und in ihren Interessengegensätzen müssen sie einen Ausgleich suchen: Unternehmen möchten hohe Gewinne machen, Kunden wollen möglichst günstig einkaufen und Mitarbeiter wollen viel Geld verdienen und viel Gestaltungsspielraum haben.

Im Spiel der Kräfte versuchen alle ihre Interessen durchzusetzen. Trotz Abhängigkeit voneinander sind die Kräfte nicht gleich verteilt, was dann in Kampf um Interessen ausarten kann und in Unter- oder Überlegenheit endet. Was unter Stress und Krisenzeiten richtig sein mag, für eine kurze Zeit bestimmte Interessen zurückzustellen und einem Teil den Vorzug zu geben, ist über einen langen Zeitraum und für normale Zeiten schädlich.

Zu einem natürlichen Prozess gehört nach der Spannung die Entspannung. Deshalb muss ein System in der Lage sein, nach großer Kraftanstrengung für eine gewisse Zeit auf eine langsamere Gangart umzuschalten. In der Entspannung erholt sich das System, es erneuert und erfrischt sich. Wenn der Wechsel zwischen Spannung und Entspannung fehlt, beutet sich ein System aus, wird verbraucht und lebt von seiner Substanz. Ein krank machendes, wenn nicht sogar tödliches Spiel. Das Spiel geht auch andersherum: Gibt es keine Herausforderung, die eine Spannung erzeugen kann, erlahmt das System und ist nicht mehr in der Lage, sich zu erneuern. Ebenso auslaugend ist ein Vorgehen, wenn unterschiedliche Voraussetzungen mit immer den gleichen Mitteln beantwortet werden. Was für bestimmte Situationen sehr stimmig sein kann, ist für andere falsch. Mehr desselben ist lediglich die Verarmung von Ideen. Wichtige Unterschiede und Notwendigkeiten werden nicht zur Kenntnis genommen. Vergleichbares Verhalten kennen wir aus unserem privaten Leben: aus gesellschaftlichen Krisensituationen bei Familien und bei einzelnen Personen. Ein Beispiel: Eine Familie hat in der langen Phase ihres Hausbaus viele Entbehrungen auf sich genommen. Mit dem großen Ziel vor Augen wurde vieles zurückgestellt. Wird ohne Rast und Erholungspause weiter gearbeitet, der Garten bestellt und der Innenausbau vorangetrieben, ohne – wie man sich gegenseitig versprochen hat – sich zu erholen und Zeit für das Familienleben aufzubringen, dann werden die Beziehungen und die Gesundheit leiden.

Erst durch ernsthafte Störungen setzt ein Umdenken ein. Außenstehende erkennen oft viel früher, wie die Lösungen eher weitere Störungen verursachen oder gar auslösen, als dass sie bei der Erneuerung helfen. Die Konsequenzen einer Trennung werden nicht sofort, sondern mittelfristig oder erst langfristig spürbar. Auch Probleme in Unternehmen sind oft die Symptome für Ungleichgewicht: Zunahme der Fehlzeiten, mangelnde Qualität, größere Beschwerden der Kunden, Leistungsabfall, große Fluktuation, fehlende Innovation, Streit und Auseinandersetzungen.

Gründe für Ungleichgewichte in Unternehmen sind:

1. Managementprogramme, die immer aktuell sein wollen und dabei Modetrends verfolgen, verführen zu Überbetonungen von Teilaspekten. Sie imponieren mit ihren großen Versprechungen und führen zu falschen Erwartungen. Oft sind die Programme nicht genügend erprobt und nur unter sehr bestimmten Voraussetzungen einführbar oder sie werden fehlerhaft durchgeführt, weil sie nachgeahmt sind, nicht wirklich auf das Unternehmen passen, oder sie werden nur halbherzig durchgeführt.

2. Eine Monopolstellung in der Vergangenheit, durch Produkt- oder Standortvorteile oder fehlende Konkurrenz bedingt, die das Unternehmen zwangsläufig in trügerischer Sicherheit hielt.

3. Nabelschau und die Beschäftigung mit sich selbst: Durch persönliche Konkurrenz und Missgunst ist man ständig dabei, Quertreibereien zu veranlassen oder Streit zu schlichten, sodass Wirtschaftlichkeit und Kunden aus dem Blickfeld verschwunden sind.

4. Es wird von der Substanz gelebt: In schwierigen Zeiten sind Unternehmen darauf angewiesen, alle Kräfte zu mobilisieren, diese auf Kunden hin zu bündeln und andere Teilaspekte zu vernachlässigen, um zu überleben. Es wird mit Verlust verkauft und die Mitarbeiter sind zu Einschränkungen bereit.

17

Es ist eine weit verbreitete Erscheinung, dass Unternehmen zu immer neuen Managementprogrammen greifen, um die Leistungsfähigkeit zu verbessern. Ein Programm jagt das andere, die Intervalle werden immer kürzer. Das Springen von Programm zu Programm ist eher ein Zeichen der Hilflosigkeit des Managements, die erzeugten Ergebnisse in ihrer Komplexität zu überschauen. Dabei wird von den Mitarbeitern ständiges Anpassen und Umdenken verlangt. Die eingeleiteten Strategien sind aber oft so kurzlebig, dass sie schon beendet sind, noch bevor die gewonnenen Erfahrungen ausgewertet werden konnten. Stellt sich der Erfolg nicht in kürzester Zeit ein, wird ein neues, „besseres" Programm gestartet. Das hat zur Folge, dass Mitarbeiter die Programme nicht mehr mittragen und sich „ducken, bis die Welle wieder vorbei ist". Die Mitarbeiter ermüden, resignieren, und die Manager verlieren ihre Glaubwürdigkeit, weil Mitarbeiter ihnen unterstellen, dass sie ihre eigenen Vorschläge nicht ernst nehmen.

Auch die Veränderung der Unternehmenskultur wird häufig im Unternehmen wie ein Programm behandelt. Mit Verlautbarungen und ein paar Workshops glaubt man genug getan zu haben. So wird Unternehmenskultur eher zur kurzfristig angelegten Marketingtaktik statt zu einem gelebten Unternehmenswert. Das Resultat ist eine leblose Hülle von Hochglanzbroschüren, die die Kunden nicht spüren und die Mitarbeiter nicht leben. Es sind lediglich Worte, die auf das Image abzielen. Auch wird Unternehmenskultur als additives Programm verstanden, das zusätzlich zu anderen gestartet wird. Aber was ist wirklich wichtig, wenn Unternehmen sich entschließen, ihre Unternehmenskultur zu verbessern?

1. Es fehlt an realisierbaren Konzepten.
2. Es werden Fehler in der Umsetzung gemacht, denn das Ergebnis soll möglichst sofort vorliegen und die Ziele sollen gestern erreicht sein.
3. Das Management lässt sich keine Zeit für Entwicklung und Wandel, für flexible Konzepte, die den Prozeß begleiten, steuern und aktuelle Informationen einbeziehen.

So heißt die Regel oft nur: schnell, stramm, falsch und ohne Konsequenzen! Wertvolle Zeit und Energie werden mit nutzlosen und schädlichen Aktivitäten vergeudet. Dabei wissen wir: Entwicklung braucht Zeit und Raum. Sie braucht Freiheit, Fehler zu machen, denn diese sind praktische Informationen und helfen Erfahrungen auszuwerten und zu beurteilen. Es geht um die Gestaltung und Ausrichtung des Unternehmens und seiner Beziehungen, nicht um kleine, kurzfristige Ziele. Entwicklung braucht Beschleunigung und Überzeugung, um überhaupt einen Schritt machen zu können.

Ein weiterer wesentlicher Punkt, weshalb Veränderungen scheitern, ist darin zu suchen, dass meist nur kaufmännische und technische Vorgehensweisen bekannt sind und Erkenntnisse der Sozialwissenschaften kaum berücksichtigt werden. Menschen, die sich ändern sollen, sind keine Maschinen, sondern wollen respektiert und einbezogen sein sowie ihre Interessen berücksichtigt wissen.

# SYSTEMISCHES DENKEN UND HANDELN

Die Systemtheorie ist die Wissenschaft von Wechselwirkungen, Ergänzungsprozessen und gegenseitiger Beeinflussung im Gegensatz zu kausaler und linearer Betrachtung. *„Die Wirkung der Ganzheit allen Geschehens"*. Wir betrachten die Elemente, die in einem Bedingungsgefüge stehen, das heißt, jedes Element bestimmt die Bedingungen aller anderen mit. Unser Interesse gilt den Strukturen, den Funktionen und dem Verhältnis der Bestandteile innerhalb des Gesamtgefüges, den Mustern und Regeln der Transaktionen und den Veränderungen von Systemzuständen. „Neben der Prozesshaftigkeit allen Geschehens betont die Systemwissenschaft den zentralen Aspekt der Ganzheit allen Geschehens." (Kriz, 1992) Die Ganzheit eines Systems kann nicht aus der Ebene des Systems selbst beschrieben werden, wie Gödel in seiner Unvollständigkeitstheorie bereits sagt. Um dies zu ermöglichen, muss ein anderer Beobachtungspunkt gewählt werden – eine Metaebene. Um den eigenen Wirkungskreis zu erfassen, ist es hilfreich, unsere Welt als Ökosystem zu beschreiben, deren Aspekte sich gegenseitig beeinflussen, sich bestimmen und voneinander abhängig sind. G. Guntern beschreibt dieses Ökosystem wie folgt (Guntern, 1987):

1. Referenzsysteme sind zum Beispiel Organismus, Paare, Familien, Gemeinde, Staat, aber auch Mitarbeiter, Teams und Unternehmen.
2. Physikalische Umwelt umfasst zum Beispiel meteorologische, klimatische, geologische Faktoren, aber auch durch Menschen geschaffene Umwelt wie Straßen, Häuser und Fabriken etc.
3. Biosoziale Umwelt umfasst zum Beispiel Pflanzen, Tiere, Menschen, aber auch Kulturen, Wissenschaft oder Sitten und Gebräuche, Normen, Werte und Religionen.

Im Austausch von Materie, Energie und Information schafft dieses Transaktionsfeld dynamische Prozesseinheiten. In diesem Sinne ist ein System immer ein sich organisierendes Ganzes. Da es sich um offene Systeme handelt, die festgelegt *und* beeinflusst werden, können wir sie nur wirkungsvoll bewegen, wenn wir das nächsthöhere System mit verändern. Im systemischen Denken werden Systeme statt isolierter Objekte, Beziehungen statt dinglicher Eigenschaften erfasst; rekursive Prozesse treten an die Stelle kausaler Erklärungen, Wahrscheinlichkeiten werden beschrieben, statt Determinanten festzulegen; vor allem wird die

Rolle des Beobachters in die Untersuchung mit einbezogen (vgl. Simon, 1992). Oft wird von ganzheitlichem Denken und Vernetzungen von Systemen und Systemebenen gesprochen. Dabei wird übersehen, dass der *Beobachter* „das Ganze" analytisch in Systeme und deren Umwelten zerteilt oder trennt, um es für eine mögliche Erklärung zu vereinfachen. Der Beobachter entscheidet, was er als System betrachten will und wo er die Grenzen des Ganzen setzt. Es geht also nicht darum, ein „objektives Ganzes" zu beschreiben, was sicherlich gar nicht möglich ist, sondern Wechselbeziehungen der Elemente innerhalb selbstbestimmter Prozesseinheiten und ihrer Umwelt. Noch immer denken wir in Polaritäten: „Richtig/falsch", „gut/böse", „aktiv/passiv". Gefühlsmäßig erfassen wir, dass es keine „Wahrheiten" gibt, sondern sie sind abhängig von den Menschen und ihren Wahrnehmungen, von deren Erfahrungen, deren Konstruktionen über das, was sie sagen, den Beziehungen und dem Kontext, in denen sie gesagt werden und in dem sie ihre Bedeutung erhalten. Die Beobachtung ist eine subjektive Wahrheit und abhängig vom Standpunkt des Beobachters.

## Notizbox:

Der Kontext bestimmt die Bedeutung einer Wahrheit.
Wahrheiten und Wirklichkeiten sind individuelle Konstruktionen, die abhängig sind von den Menschen, die sie sagen, und von dem Beobachtungsstandpunkt, den sie einnehmen. Sie sind beeinflusst von den jeweiligen Biographien und den gedanklichen Verknüpfungen über das, was sie sagen. Sie sind gebunden an den Kontext, in dem sie es sagen, und erst in den Beziehungen erlangen sie ihre Bedeutung.

Zugleich gilt dies, wenn wir über Unternehmen, Teile des Unternehmens, Beziehungen oder Individuen sprechen. Das ist wichtig, um nicht den „eigenen Wahrheiten" zu erliegen und diese für wertfrei zu halten. Wir sind also darauf angewiesen, uns selbst in unsere Beobachtung mit einzubeziehen. Damit kennen wir die Bedeutung des Beobachtungsstandpunktes und schaffen Möglichkeiten, wie wir den Beobachtungsstandpunkt verändern und wechseln können. Dadurch eröffnet sich eine Welt der Vielfalt. Wenn es nicht *die* Wahrheit gibt, dann stehen mehrere Betrachtungen als Optionen zur Verfügung, die uns Entscheidungsspielraum verschaffen und damit Freiräume ermöglichen. So finden wir Wege aus Engpässen und verbohrtem Denken.

# CHAOSTHEORIE

Die Chaosforschung hat zwei wesentliche Richtungen:

1. Die Ordnung im Chaos und das Chaos in der Ordnung. Sehr ungeordnet erscheinende Abläufe, Vorgänge oder Strukturen erweisen sich nur solange als chaotisch, bis man sie näher analysiert. Dann stellt sich heraus, dass sie eine komplexe Ordnung besitzen. Auf immer mehr Gebieten wurden sehr empfindliche Ordnungen entdeckt, die durch komplexe Schleifen und Feedbacks entstehen (zum Beispiel: das Wetter und das Nervensystem). Andererseits überraschten Beobachtungen, dass bestimmte Abläufe, von denen man wohl geordnetes Verhalten erwartet hätte, unter bestimmten Voraussetzungen ein völlig chaotisch erscheinendes Verhalten zeigen (zum Beispiel der Herzschlag und das Pendel). Dabei zeigt sich, dass der Verlust von chaotischen Beschaffenheiten nicht Gesundheit, sondern den Beginn einer Erkrankung oder den Tod des Organismus bedeutet (vgl. Gleick, 1988). Die Wirkungszusammenhänge werden durch Parameter bestimmt. Je komplexer ein System, desto größer ist die Anzahl der Parameter. Gerade bei komplexen Gebilden, zum Beispiel Unternehmensorganisationen, fordert die Chaosforschung uns auf, trotz chaotisch erscheinender Verläufe nach Ordnungen zu suchen und bei geordnetem Verhalten Unregelmäßigkeiten, Ausnahmen und Regelveränderungen zu erkennen. Die Chaostheorie hilft uns dabei, besser zu verstehen, was in komplexen Systemen geschieht und sich ereignen kann, und zeigt uns zudem, wie wir Systeme zur Veränderung anregen konnen.

2. Die Wichtigkeit von Unvorhersagbarem und den Gegebenheiten bei Veränderung. Weiterhin lehrt uns die Chaostheorie, wie Ordnungen wieder in komplexe dynamische Systeme zerbrechen. Sie unterliegen einem deterministischen Chaos und sind abhängig von Randbedingungen. Mögen diese empfindsamen Abhängigkeiten noch so gering oder entfernt sein, können sie ein System völlig aus der bestehenden Ordnung bringen. Selbst in genausten mathematischen Bereichen führen einfachste Operationen unter bestimmten Bedingungen zu prinzipiell unberechenbaren Ergebnissen. Leben bedeutet damit immer auch mit Unvorhersagbarkeiten zurechtzukommen. In Unternehmen vollziehen sich ständig Veränderungsprozesse – sowohl in Richtung Chaos als auch in Richtung Ordnung. So sind wir gezwungen, Ordnungen

und Chaos nicht statisch zu verstehen, sondern als dynamische Prozesse, die von einem Zustand in den anderen wechseln, mal langsamer, mal schneller. Zunächst unbedeutende, kleine Einflüsse können riesige Veränderungen nach sich ziehen und bestehende Ordnungen in den Zustand von Chaos bringen. Es geht darum, zu verstehen oder verständlich zu machen, unter welchen Voraussetzungen geordnetes Verhalten Phasen von ungeordnetem Verhalten durchläuft. Chaotische Phasen sind nicht selbstständig, auch wenn sie instabil sind. Sie werden von Attraktoren beherrscht. Verlagert sich das System von einem Attraktor zu anderen, verzweigt sich die Bahn seiner Entwicklungen zu neuen Mustern. H. Haken nennt Attraktoren in seiner Theorie der Synergetik auch „Ordner" (vgl. Haken, 1986). Im chaotischen Prozess gibt es Strömungen, die stärker sind als andere und damit eine Ordnerqualität aufweisen. Die Ordner „versklaven" andere oder ziehen andere in ihre Richtung. Durch fortlaufende Zustände, beginnend mit einem Anfangszustand, entsteht ein Muster. Systeme werden sowohl von ihrem Anfangszustand bestimmt als auch von chaotischen Attraktoren. Dieses Verhalten wird als deterministisches Chaos bezeichnet. Wenn wir diese Zusammenhänge verstehen, dann wird Veränderungsmanagement besser kontrollierbar. Die starre Strukturerhaltung, die sich gegen Veränderung stemmt, erzeugt mehr Konfusion als Ordnung.

*„Aus Turbulenzen und Zufälligkeiten müssen immer wieder neue Stabilitäten und Ordnungen gebildet werden."*
H. J. Warnecke

Dieses Wissen ermöglicht eine neue Sicht auf den Prozess und das Management von Veränderungen. Ein System zeigt Hin-und-her-Bewegungen während eines Veränderungsprozesses – Turbulenzen. Sie sind normales Geschehen, bis ein neues Muster ausgebildet wird. Das Ausprobieren und Verändern von Verhaltensmustern erzeugt Schwingungen. Dieses Wissen dient dem Eintritt in Freiräume, wo sonst die Angst vor Kontrollverlust die Entwicklungen stört. Es lehrt auch, dass Ordnung im Sinne statischer Zustände eine Illusion ist – sie führt ins Chaos. Ebenso können chaotische, unerwartete und unvorhersagbare Zustände eine neue Ordnung gestalten. Chaos und Ordnung sind eins. „Die Welt ist nicht, sie geschieht." (Cramer, 1989) Damit ist „Ordnung" lediglich die Struktur von dynamischen Prozessen. Noch viel zu oft begleitet unser Handeln die Idee, dass die Welt stehen bleibt, während wir handeln. Das Gegenteil ist der Fall. Dadurch, dass ich handle, gestaltet sich die Welt. Dies zeigt auch die Lehre der Synerge-tik. Heutzutage müssen Manager das Transaktionsfeld ihres Ökosystems genau-estens beobachten und angemessen beschreiben, um es schnell und wirkungsvoll mitgestalten zu können.

# SELBSTORGANISATION

Um Veränderungsprozesse zu begreifen, zu beschreiben und zu handhaben, benötigen wir eine Theorie, die sowohl systemisch ist, das heißt Zusammenhän-ge erfasst, als auch eine Theorie, die Verläufe beschreibt und Regeln dafür auf-stellen kann, also prozesshaft ist. Sie sollte auch geeignet sein, Veränderungs-prozesse zu initiieren und zu induzieren. Strukturen und Prozesse lebender Syste-me in einem gegebenen Kontext sind Phänomene der Selbstorganisation. Die Selbstorganisationstheorie untersucht besonders Phasenübergänge. Phasenüber-gänge werden als Verlassen eines Gleichgewichtszustandes beschrieben. Voraus-setzung ist, dass es sich um offene Systeme handelt, die Materie, Energie und Information austauschen.

Bei einer sich verändernden Unternehmensorganisation haben wir es mit sol-chen Übergängen zu tun, Übergänge zwischen verschiedenen Ordnungszustän-den und zwischen Ordnung und Chaos. Beobachtbare redundante Transaktions-muster können Zustände, Ausrichtungen und Formen zeigen, die als die Attrak-toren dynamischer Systeme wahrnehmbar sind. Die Struktur der Organisation gibt Auskunft über den Gleichgewichtszustand und die Attraktoren. Die Attrak-toren bestimmen die Richtung und die Intensität der Selbstorganisation. Eine Stabilität kann so lange aufrechterhalten werden, wie interne Veränderungen und die der Umwelt ausgeglichen werden können. Jede Einflussnahme kann damit erweiternd oder zerstörerisch sein. Das Verlassen des Gleichgewichtszustandes erlaubt einem System zu schwingen und zu fluktuieren und gewissermaßen pro-behalber andere oder neue Attraktoren einzunehmen. „Kann ein System angeregt werden, seinen bisherigen Attraktor aufzugeben, durchläuft es vorübergehend eine Phase der Instabilität." (Lenz/Brunner, 1993) Der neue Ordnungszustand unterscheidet sich deutlich vom alten Ordnungszustand und zeigt sich in verän-derten Transaktionen. Die Organisation der Selbstorganisation verläuft nach den Prinzipien der Synergetik: man steuert nicht mehr Prozesse, sondern „die Ordner von Prozessen" (Gerken, 1994).

Schon heute wird der Begriff der Selbstorganisation benutzt, um im Unternehmen in vielen Prozesseinheiten Selbststeuerung zu ermöglichen. Das Unternehmen selbst, egal wie die Struktur definiert wird, unterliegt ebenfalls als offenes System der Selbstorganisation. Wir haben es mit einem vorhandenen Phänomen zu tun, das es zu nutzen gilt. Starre Organisationen können Optimierungen zwar managen, aber sie kennen keine Wege für Wechsel und Entwicklung. Produktivität und Selbstorganisation gehören zusammen. Ständiger Wandel, ständige Verbesserung, zum Beispiel zur Erhöhung des Kundennutzens, kann nicht gelingen, wenn sich die Mitarbeiter des Unternehmens nicht verantwortlich fühlen und nicht am Prozess beteiligt sind. Mitarbeiter brauchen nicht gestoßen oder gezogen zu werden, sondern sie bewegen sich selbst, durch eigenes Interesse und durch eigene Steuerung. G. Gerken hält das Konzept der Selbstorganisation für die ideale Basis in einer Welt der permanenten Überraschungen, der kürzesten Zyklen und des maximalen Wachstums an Innovation. *Beispiel:* Eine Abteilung organisiert sich neu – weg von der Hierarchie, hin zum Projektmanagement. Bisherige Strukturen und Verhaltensmuster, wie Weisungen und Anordnungen und der Umgang miteinander, sind aufgehoben, an ihre Stelle treten Projekt- und Teamorientierung, Teamtreffen, gemeinsame Diskussionen, Aufgabenverteilung, Durchführung und Kontrolle. Zunächst wartet man noch auf die Anordnung, die Abläufe sind unsicher und ungewiss. Abgrenzungsfragen treten auf, Außenstehende mischen sich erfolgreich ein. Auseinandersetzungsstrategien und Konsensbildung sind nicht geübt bzw. finden indirekt oder über Dritte statt. Sowohl die Teams als auch das Management erleben diesen Prozess eher krisenhaft und wünschen sich oft die alten Strukturen zurück. Im Hin und Her zwischen Altem und Neuem entstehen neue Verhaltensmuster. Erst wenn sich die neuen Abläufe eingespielt haben, kann von einem neuen Ordnungszustand gesprochen werden. In vielen Fällen kommt es nicht zu diesem Zustand, weil die damit verbundenen Turbulenzen nicht ertragen werden und somit die notwendige Anpassung nicht erreicht wird. Man kehrt in der Phase der Irritation und Unsicherheit zu den alten Ordnungsmustern zurück, weil man die Übergangsphase für das „drohende Chaos" hält, statt sie als Prozess der Veränderung zu begreifen. Der Veränderungsprozess scheitert, die Organisation verliert und wichtige Chancen werden vertan.

Welchen Nutzen bieten uns Systemwissenschaft, Chaosforschung und Selbstorganisationstheorie? Das Problem des Managements in Unternehmen ist die hohe Komplexität, die Schnelligkeit des Wandels, das Steuern der Prozesse und schließlich die Ausrichtung auf die Zukunft. Wenn Märkte, Menschen und

Prozesse derartig komplex, schnell und unvorhersagbar sind, dann nützen weder starre Ordungsprinzipien noch die verzweifelte Suche nach Sicherheiten. Wir brauchen die Bereitschaft und die Fähigkeit, uns der Dynamik zu stellen und mit ihr umzugehen.

Unser Wissen und Handeln muss sich weiterentwickeln:

◆ von geschlossenen Einheiten zu offenen Systemen, die das Zusammenspiel und den Wirkungskreis im Ökosystem erfassen und beschreiben,
◆ von Ursachen und Linearität verabschieden zugunsten von Unbestimmtheit, Zufall und Transformation,
◆ statt Anweisung und Kontrolle ist Selbststeuerung und Eigenverantwortung angesagt.

**Notizbox:**

**Wohin Unternehmen sich verändern müssen**

| Zukunft | statt | Vergangenheit |
|---|---|---|
| Beziehungen | statt | Rollen |
| Dialog | statt | Hierarchie |
| Zutrauen | statt | Kontrolle |
| Bewusstsein | statt | Erfahrung |
| Projekte/Prozesse | statt | Strukturen |

# KAPITEL 2

# Was lässt Unternehmen erfolgreich sein?

Radikales Profitdenken, starres Fixiertsein auf den Markt und objekthaftes Umgehen mit Mitarbeitern sind alltägliche Strategien, wenn die Wellen in wirtschaftlichen und politischen Krisenzeiten hochschlagen. Noch immer sind Manager und Unternehmensberater, die „verbrannte Erde" hinter sich lassen, offen bewunderte Helden des Krisenmanagements. Partielles Denken, nicht über den eigenen Tellerrand blicken, das sind häufig praktizierte Denkmuster für die betriebliche Entschlackung. Doch die Konsequenzen, die allgemeinen Kosten zerstörter Sozialstrukturen und Folgekosten werden die negativen Auswirkungen vermeintlich erfolgreicher Strategien deutlich machen.

Gelingt es einem Unternehmen, den Ausgleich zwischen Interessenunterschieden und Zielkonflikten zu finden, wird es dauerhaft in der Lage sein, auf aktuelle Turbulenzen, gesellschaftliche Veränderungen und Umorientierung vielfältige Lösungen zu finden. Das Unternehmen kann aus sich heraus Kräfte für neue Entwicklungen erzeugen. Die Balance der Unterschiede ist ein Grundprinzip der Natur und damit von Entwicklung und Leben. Häufig wird dieses Prinzip für unrealistisch gehalten, weil Unterschiede nicht als Verhinderung von Erstarrung, sondern als etwas Trennendes empfunden werden. Trennend sind jedoch nicht die Unterschiede, sondern wie mit Gegensätzen umgegangen wird. Balance benötigt zwei wichtige Aspekte: den Zusammenhalt und das Übereinkommen. Beides ist nur in der Begegnung und in der Offenheit der Beziehung möglich.

**Notizbox:**

Die Kultur des Unternehmens zeigt sich im Zusammenspiel der Kräfte von Unternehmensprofit, Kundenbeziehungen und Mitarbeiterzufriedenheit. In ihrer Balance bestimmen sie den langfristigen Erfolg des Unternehmens.

**Abb. 2** Unternehmenskultur – Ungleichgewicht führt zu Misserfolg

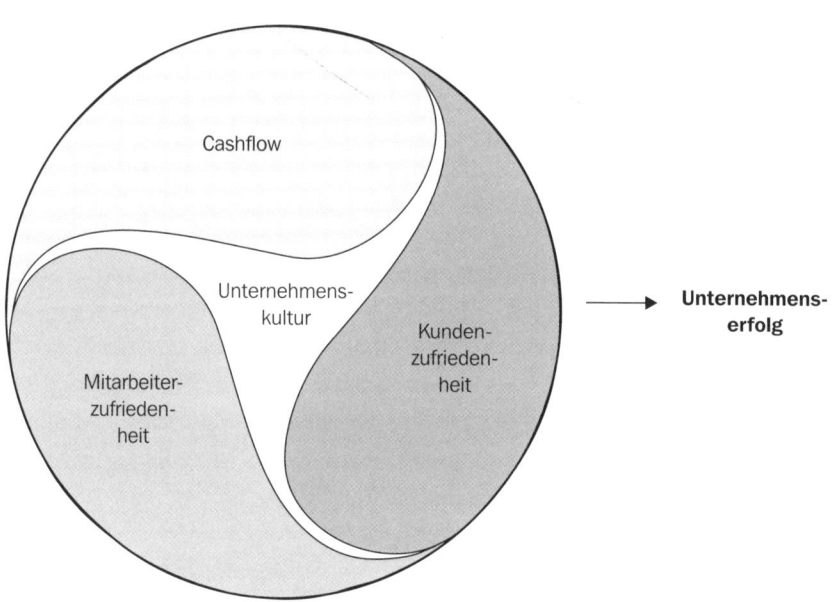

28

In der Organisation des gemeinsamen Ganzen, das ein Unternehmen darstellt, ermöglicht der Ausgleich von Interessenunterschieden die Anpassung an Entwicklung und Wandel. Jede Überbetonung eines Teilaspektes bringt kurzfristig gewünschte Teilerfolge, geht aber auf Dauer nur auf Kosten anderer Teile. Wenn im raschen Wechsel die Teilaspekte hintereinander oder nebeneinander behandelt werden, geraten sie in zunehmende Konkurrenz und richten sich schließlich gegeneinander. Das führt längerfristig zum Misserfolg des Unternehmens. Dies klingt einleuchtend, dennoch sind Lösungen schwierig. Immer noch wird in

„Entweder-oder-Kategorien" gedacht und die Harmonisierung scheinbar gegensätztlicher Interessen als unmöglich abgetan. Unternehmenskultur wird dabei noch immer dem zwischenmenschlichen Bereich des Betriebsklimas zugeordnet oder als Marketingstrategie benutzt. Es wird jeweils auf nur einen bestimmten Teilaspekt abgezielt: entweder auf Ergebnismaximierung oder Kundenorientierung oder ganz selten auf Mitarbeiterzufriedenheit. Die gewählten Strategien sind durch Einseitigkeit geprägt. Märkte sind komplexe Gebilde, die wir mit Strategien und Programmen zu kontrollieren versuchen. Ändern sich die Variablen, stehen die eingeschlagenen Strategien sofort auf dem Spiel. Das Nicht-zur-Kenntnis-Nehmen von Wissen über chaotische Verläufe verhindert, dass sich Unternehmen genügend auf Veränderung einstimmen und den Prozess hinreichend beachten. So wird entweder die Kontrolle erhöht, vorschnell abgebrochen oder an unterschiedlichen Stellen unkoordiniert und gleichzeitig durchgestartet. Die Anzahl der gleichzeitig laufenden Aktivitäten wird meist als unternehmerische Vielfalt gepriesen. Davon kann jedoch keine Rede sein, weil die Aktivitäten nicht als Vielfalt behandelt und selektiert werden. Sie sind Hinweis für ungeordnete und in unterschiedliche Richtungen zielende oder sich überlappende Maßnahmen. Sie kosten das Unternehmen viel Geld und ermüden die Mitarbeiter, die den Glauben an das Management allmählich verlieren. Deshalb haben auch Bücher über Managementfehler Spitzenplätze in den Bestsellerlisten.

Fazit: Wer es mit der Kundenorientierung und der Zufriedenheit der Mitarbeiter wirklich ernst meint, der ordnet diese nicht dem Profit unter oder lässt sie für den Profit arbeiten. Kundenorientierung und Mitarbeiterzufriedenheit stellen für das Unternehmen wie auch der Gewinn einen eigenen, selbstständigen Wert dar. Profit wird nur mit den Kunden und den Mitarbeitern erzielt. Nur wer Gewinn erzielt, hat Kunden und kann Mitarbeiter beschäftigen. Nur mit Mitarbeitern können Kunden bedient und Gewinne gemacht werden. Durch eine systemische Betrachtung und eine multiple stabile Ausrichtung werden die Anpassungsleistung und die Entwicklungsfähigkeit auf unterschiedlichen Gebieten möglich. Das Unternehmen kann durch mehr Flexibilität und Stabilität erfolgreicher sein. Auf einem Bein wird man bekanntlich schnell müde und ein Dreibein-Hocker ist der stabilste Sitz. Das bedeutet in der Praxis: Das Unternehmen muss sich darauf ausrichten, ständig dazuzulernen und Prozesse der ständigen Verbesserungen zu praktizieren.

# DAS LERNENDE UNTERNEHMEN

Die Ausrichtung des Unternehmens auf Zukunft, auf aktuelle Herausforderungen und Problemlösungen setzt voraus, dass das Unternehmen Wissen aufnimmt und Fähigkeiten erzeugt, die bisher noch nicht zur Verfügung standen.

## Notizbox:

### Worin zeigt sich ein lernendes Unternehmen?

Das lernende Unternehmen

- ist bereit, in immer während Kreislauf Strukturen zu erneuern, weiterzuentwickeln und auch wieder aufzulösen,

- kennt die aktuellen Strömungen, die die Selbstorganisation steuern, kann sich von diesen wieder lösen und neue aufbauen,

- plant seine Entwicklung, um Probleme zu lösen,

- sucht Erkenntnisse aus neuen Erfahrungen, statt Urteile zu fällen. Damit können Lösungen, die bereits früher für Probleme gefunden wurden, in neuem Licht gesehen werden,

- ist sich im Klaren, dass erst der Wechsel zwischen Chaos und Struktur es ermöglicht, Zustände zu verlassen und Starrheit zu vermeiden,

- trennt nicht in Prozess und Ergebnis,

- reflektiert sowohl Prozesse als auch Beziehungen.

Zur Verständlichkeit dieser Aussagen ist es nützlich, aktuelle Veränderungsstrategien unter die Lupe zu nehmen und sich zu veranschaulichen, weshalb diese Vorgehensweisen nur kurzfristige oder zu geringe Erfolge bringen. Damit erklärt sich auch das Scheitern vermeintlich gut durchdachter Vorhaben.

**Notizbox:**

**Schritte für ein lernendes Unternehmen**

1. Schritt: Es ist bereit und gewillt, Verhaltensmuster zu verändern.

2. Schritt: Es reflektiert die gemachten Erfahrungen, zieht Konsequenzen und erreicht so ein neues Bewusstsein.

3. Schritt: Es sucht nach mehreren Lösungen für ein Problem, lässt mehrere Möglichkeiten entwickeln, wählt die gegenwärtig beste aus und stabilisiert diese durch Auslese der weniger tauglichen „Varianten".

4. Schritt: Jedes Ergebnis wird in Feedbackschleifen erneut überprüft und führt zu neuen Konsequenzen.

**Abb. 3**   Teilaspekt Cashflow

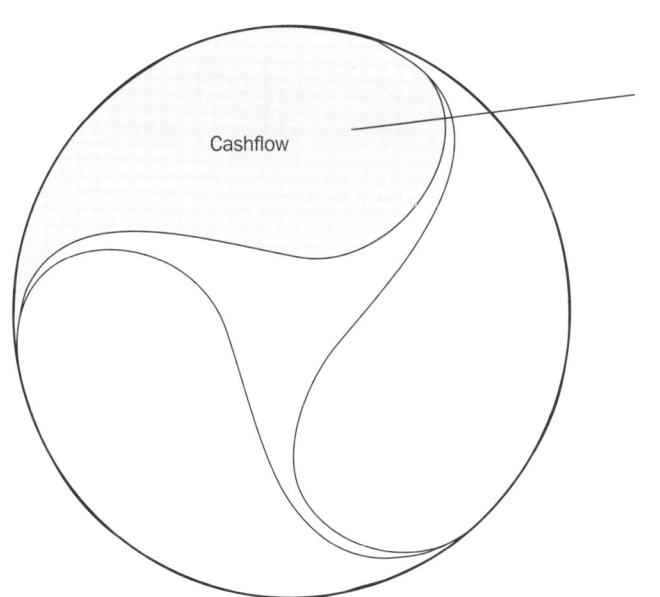

Cashflow

Strategische
Verbesserungs-
programme

Programme reichen
nicht aus

Ungleichgewicht

ohne Bezug
zu Kunden und
Mitarbeitern

nur Teilaspekte

führen zur
Suboptimierung

31

# *T*EILASPEKT CASHFLOW

Aktuelle Managementstrategien, die in immer kurzfristigeren Sequenzen die Unternehmen überrollen, setzen gezielt auf den wirtschaftlichen Erfolg, verlangen konsequente Vorgehensweisen und versprechen enorme Einsparungen und hohe Gewinne. Doch sie stehen aufgrund ihrer Einseitigkeit auf tönernen Füßen. Sie erfassen Teilaspekte, orientieren sich nicht an den Mitarbeitern, sondern verlangen einseitige Gefolgschaft und führen zur Suboptimierung.

Zunächst sind diese Programme sehr einleuchtende, in sich geschlossene Konzepte. Sie sehen in einem Bereich gezielte Maßnahmen, Veränderungen und dann auch Ergebnisse vor. Schon für sich allein genommen werden die erwarteten Erfolge meist nicht erzielt. Wesentliche Gründe hierfür sind, dass die Maßnahmen zu kurz greifen; die Konsequenzen werden nicht nachhaltig genug gezogen, kritische Erfolgsfaktoren werden nicht genügend herausgearbeitet oder für die notwendigen Konsequenzen werden keine Mittel bereitgestellt. Mit diesem Mangel in der Konsequenz der Durchführung wird der Erfolg gefährdet. Zum Beispiel wird rationalisiert und prozessoptimiert meist mit der Konsequenz von Stellenabbau. Aus gewissen Gründen werden jedoch Stellen nicht abgebaut:

1. Man fürchtet das Mittel aus politischen Gründen. Stellenabbau ist für jedes Unternehmen eine sehr unangenehme Lösung, denn sie verstößt gegen die Interessen der Mitarbeiter. Gerade bei den Rationalisierungsprogrammen wird diese Konsequenz, dass Stellenabbau notwendig ist, oft lange verschleiert, um den Widerstand gering zu halten.
2. Stellenabbau kostet Geld. Wird für Abfindungen, Umsetzungen, Outplacement oder neue Stellenentwicklung kein Geld bereitgestellt, wird zwar reorganisiert, der Erfolg kann jedoch nicht eingefahren werden.

Man will das eine ohne das andere, weil man sich scheut, mit offenen Karten zu spielen oder die nötigen Konsequenzen zu ziehen.

Bei bevorstehenden Rationalisierungen leisten betroffene Mitarbeiter und das mittlere Management trotz vielfältig kommunizierter Sachinformationen direkt oder indirekt Widerstand. Die Führung ist noch mit großem Eifer am Werk, während der Mittelbau schon längst mit aktiver oder versteckter Verweigerung auf die Bremse tritt. Gilt das Prinzip der Suboptimierung, dann versuchen auch die Mitarbeiter zu suboptimieren, um zu retten, was zu retten ist. Wer sägt sich schon gerne den Ast ab, auf dem er sitzt. Natürlich gibt es auch Manager, die im Veränderungsprozess ihre gewachsenen und erkämpften Fürstentümer verteidigen und dadurch den durchgängigen Prozess aufhalten und zu verhindern suchen. Unzählige Begründungen können hier benannt werden. Manchmal liegt die Verhinderung auch beim Management selbst: Beim Start und in den ersten Wochen sind alle noch Feuer und Flamme, aber allmählich bröckelt die Beteiligung, der Prozess wird delegiert, kontrolliert und kommt schließlich zum Stillstand. Es werden keine neuen Verhaltensmuster ausgebildet. Prozessoptimierung kann in der Sprache der Chaostheorie wie ein Ordnungsprinzip – als neuer Attraktor – verstanden werden. Kommt es nicht zu neuem Verhalten, dann ziehen andere Attraktoren das System an sich, und es entsteht kein grundlegender Wandel. Damit zeigt sich, dass einseitige Strategien Unternehmen nur kurzfristig und mit viel Aufwand und Kontrolle in eine neue Spur bringen und dort halten können.

> **G**eld allein schafft keine Befriedigung. Erst der Stolz auf das Produkt, die geleistete Arbeit, das Zufriedensein der Kunden und Mitarbeiter, die Stellung am Markt können Menschen motivieren voranzugehen.

Werden mit großem Kraftaufwand Mitarbeiter entlassen, kommt es zur Spaltung zwischen Betroffenen und „Geretteten". Zwar werden die „Geretteten" hier aufatmen, doch ihr Vertrauen ist nachhaltig gestört. Es fehlen ihnen die sorgfältigen Analysen, das Suchen nach Handlung und Handlungsalternativen. Geheime Regeln und Emotionen, wie zum Beispiel Angst, Misstrauen und unterschwelliger Ärger, bestimmen die Zusammenarbeit. Einseitige Gewinnoptimierung, die gegen Mitarbeiter und Kunden durchgesetzt werden muss, bringt das Unternehmen oder eine Organisation nicht wirklich weiter. Manager sollten auf die Entwicklung der Menschen und des Unternehmens setzen und nicht nur auf den schnellen Profit schielen. Müssen Mitarbeiter entlassen werden, so ist entscheidend, welche Verantwortung das Unternehmen für ihre Reorganisation und ihre Wiedereingliederung übernimmt. Gibt es alternative Programme, zwischen denen Mitarbeiter wählen können? Hier ist Kreativität nach neuen Lösungen gefragt, sonst werden Mitarbeiter wie Abfälle behandelt und entsorgt. Sie fallen vielleicht noch „ins soziale Netz und geh'n kaputt trotz alledem", wie Wolf Bier-

mann es einmal in einem Lied ausdrückte. Im Kreislauf der gegenseitigen Verknüpfungen und Abhängigkeiten zahlen alle an anderen Stellen dafür, zum Beispiel durch höhere Abgaben, Strukturkrisen und soziale Brennpunkte. Es kann
also niemandem egal sein, wie mit Arbeitnehmern umgegangen wird, steht man
nun innerhalb oder außerhalb eines Unternehmens.

> **D**as Problem liegt nicht in der Qualität der Programme, sondern
> in der Ausrichtung des Unternehmens auf kontinuierliche Effizi-
> enz der Prozesse und das Zusammenwirken mit Kundennutzen
> und Mitarbeiterzufriedenheit.

# TEILASPEKT KUNDENZUFRIEDENHEIT

| Abb. 4 | Teilaspekt Kundenzufriedenheit |

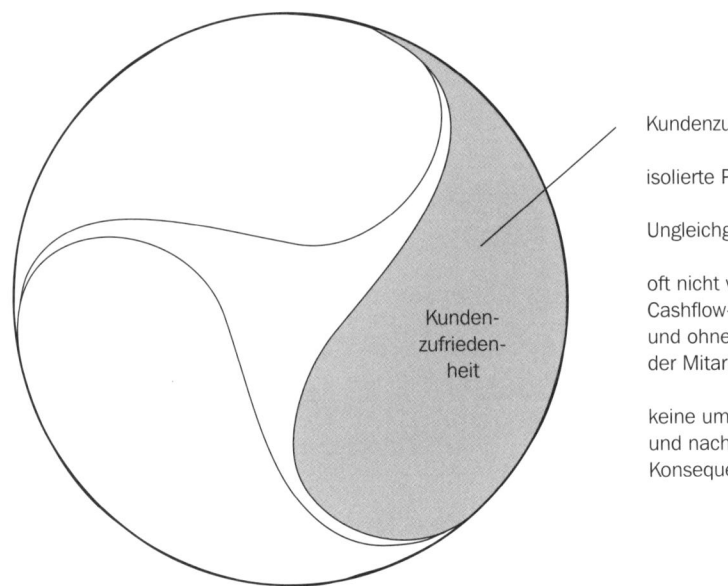

Kundenzufriedenheit

isolierte Programme

Ungleichgewicht

oft nicht verzahnt mit
Cashflow-Programmen
und ohne Einbezug
der Mitarbeiter

keine umfassenden
und nachhaltigen
Konsequenzen

Kunden-
zufrieden-
heit

Bestimmte Programme zielen ganz auf den Kunden, dessen konkreten Nutzen und dessen Zufriedenheit. Sie sind einleuchtende und heutzutage zwingende Voraussetzung für unternehmerischen Erfolg. Der Kunde wird in deutschen Unternehmen gerade erst entdeckt. Ausländische Mitbewerber schwanken zwischen Fassungslosigkeit und Mitleid, wenn sie das Verhältnis deutscher Unternehmen zu ihren Kunden charakterisieren. Durch aktiven Service, garantierte Lieferfristen, gerechtes Preis-Leistungs-Verhältnis und umfassende Produktpaletten erreichen Unternehmen enorme Umsätze, gewinnen Märkte und Marktanteile.

Die Idee ist absolut richtig, notwendig und unabdingbar. Wer seine Kunden nicht wirklich zufrieden stellen kann, muss Monopolist sein, um seine Marktsituation zu halten. Was haben Unternehmen Kunden zu bieten? Wodurch wird Kundennutzen maximiert? Kundennutzen entsteht erst dann, wenn Lösungen für die Probleme der Kunden gefunden werden. Produkte und Leistungen in der zugesagten Qualität, in der verabredeten Zeit und zum angegebenen Preis kann der Kunde fordern. Nicht jeder Kunde verlangt die Erfüllung dieser Standards. Nicht jedes Unternehmen fühlt sich diesem Standard verpflichtet.

Auch wenn Bücher und Trainings es anders vermitteln und Unternehmen das Gegenteil bezeugen, gelten Reklamationen immer noch als „Beschwerden", die es möglichst abzuwimmeln gilt.

Sie werden zu selten als Kundenfeedback oder Hinweis auf die eigenen Schwachstellen genutzt. Die Unternehmen beginnen allerdings aufzuwachen. Im „Umerziehen" aller Mitarbeiter, in der Veränderung konkreter Abläufe und Verhaltensweisen zeigen sich jedoch die größten Schwierigkeiten. Wo genau liegt das Problem?

1. Viel zu sehr verlangen manche der neuen Konzepte eine Totalausrichtung oder gar Überanpassung und überziehen in ihrem Anspruch. Jeder normale Vorgang wird zum Programmpunkt des Kundenzufriedenheits-Feldzugs erklärt.

2. Ergebnisse werden nicht ernst genommen. Es werden zum Beispiel Kundenbefragungen durchgeführt. Das betroffene Management reagiert auf die Auswertung von Kundenbefragungen oft mit Ungläubigkeit. Der Informationsgehalt der Befragung verkümmert in den Schreibtischschubladen. Mit unterschiedlichsten Rechtfertigungsstrategien wird versucht, die Informationen abzutun: Einmal sind nicht die richtigen Kunden befragt, dann war der Zeitpunkt falsch, schließlich waren die Befrager voreingenommen oder der Wettbewerb doch ähnlich schlecht beurteilt. Noch sind die Unternehmen nicht

darauf eingestellt, aus Informationen zu lernen und sie auch als Chancen zu erkennen.

3. Es wird wertvolle Zeit vertan. Strategien der Vergangenheitsbewältigung, des Rechtfertigens, der Suche nach Schuldigen werden geübt und verfeinert, statt mit Hilfe gewonnener Informationen nach vorne zu gehen, Konsequenzen zu ziehen und das Verhalten zu verändern.

4. Es dürfen keine Fehler gemacht werden. Wer nach dieser Grundregel handelt, hat es schwer, aus Fehlern zu lernen. Das führt natürlich dazu, dass Mitarbeiter immer auf der Hut sein müssen, sich rechtfertigen zu können, falls Probleme auftreten. Es gibt mehrere Arten, mit Fehlern umzugehen, sie sind hier beispielhaft beschrieben:

---

**Notizbox:**

**Fehler sind Informationen und Informationen führen weiter:**
Der Fehler mit Fehlern

1. **Anklage**: Du machst etwas falsch!

2. **Verleugnung**: Wir machen nichts falsch!

3. **Vorschrift**: Wir dürfen keine Fehler machen! Oder:

4. **Neugier**: Du hast etwas falsch gemacht, können wir etwas daraus lernen?

---

Die Programme zur Kundenorientierung bringen manche Unternehmen in erhebliche Schwierigkeiten. Es werden übertriebene Verbeugungen gemacht, die eher nach Überanpassung aussehen als nach Erzeugung von Kundennutzen. Wenn der Wettbewerb zu immer neuen und größeren Versprechen zwingt, muss getrickst und getäuscht werden. Häufig bleibt das kundenorientierte Programm nur Äußerlichkeit und lediglich Bestandteil von Werbung. Bei ein paar bedeutsamen Kunden des Unternehmens kommen die guten Absichten zum Tragen; meist werden sie aber nur temporär gelebt, weil im Unternehmen die Voraussetzungen fehlen, die Wünsche der Kunden den offerierten Versprechen gemäß zu erfüllen.

Bei starker Programm- und Konzeptverpflichtung werden die Mitarbeiter einfach müde, immer wieder den Kampagnen zu folgen. Man spürt, wie die Spannung weicht, wie der Wind aus dem Segel flieht und Flaute eintritt. Häufig werden dann neue Durchläufe gestartet, der Druck wird erhöht. Motivation und Aufbruchstimmung halten nicht Schritt. Resignation macht sich breit. Die Programme jedoch verkommen zu Schlagworten, Gegenkräfte gewinnen an Boden. „Kundenorientierung machen wir schon immer" oder „Unsere Nähe zum Kunden zeigt sich in unseren Produkten" oder „Keiner hat so viel Kundennähe wie wir" oder „Unsere Kundennähe zeigt sich in den Verkaufszahlen"! Es wird nicht begriffen, dass Kundenorientierung mehr ist als der Kontakt zum Kunden, *es ist das konsequente Erarbeiten von Kundennutzen.* Die Einwände sind jedoch ihrerseits die Antwort auf Halbherzigkeiten und Programmkosmetik. Auch hierin zeigt sich das typische Ungleichgewicht, welches wir symptomatisch in allen suboptimierenden Programmen und Strategien vorfinden. Durch die starke Anpassung an *einen* wesentlichen Teil des Prozesses sind andere Teile nicht in direkter Weise verzahnt, weder mit wirtschaftlichem Erfolg noch mit den Bedürfnissen der Mitarbeiter. Es sind hierarchische Programme, die in der Rangfolge und Ausrichtung einen bestimmten Teil optimieren und dann als Folge den Profit erzielen wollen.

Ein Unternehmen, das den Kunden zu gering achtet, wird leicht auszuhebeln sein. Deshalb sind Programme zur Kundenorientierung unabdingbar. Wo ist also der Haken? Die angestrebte Linearität: „Wenn wir unsere Kunden zufrieden stellen, dann werden wir unsere Mitbewerber besiegen, der Profit wird sich einstellen, dann werden unsere Mitarbeiter zufriedener sein" usw., orientiert sich zu wenig an dem komplexen Zusammenspiel von Unternehmensinteressen, Kundenbeziehungen, Mitarbeiterzufriedenheit und Märkten. Die Programme sind in ihrer Ausrichtung eingleisig und können nur kurzfristig gehalten werden. Die Erkenntnis, dass hier etwas im Sinne des Unternehmenserfolges getan werden muss, wird jedoch mit bisherigen Spielregeln beantwortet: Anweisungen, Vorschriften und Kontrolle statt Selbstorganisation der Basis von Flexibilität, Initiative und Verantwortung. Erfüllung von Kundenwünschen ist heute Pflicht und morgen nicht genug: *Es geht um die Ausrichtung des Unternehmens auf den Kunden.* Welchen Kundennutzen erfüllt das Unternehmen durch seine Leistungen schon heute? Welchen Nutzen benötigt der Kunde morgen? Welchen Nutzen für den Kunden erzeugen bereits die erfolgreichen Mitbewerber? Das ganze Unternehmen ist auf eine dynamische Kundenbeziehung auszurichten, nicht nur auf ein Programm: Flexibilität und Spontanität statt Prinzipientreue.

Die gewünschten Erfolge treten auch deshalb nicht ein, weil es erneut an der nachhaltigen Konsequenz fehlt, mit der die Programme durchgeführt werden. Gleichzeitig wird eine totale Identifizierung verlangt, sodass Mitarbeiter ermüden. Die Kurzlebigkeit der Strategien hat vielleicht zu diesem Zeitpunkt bereits eine neue „Mode" hervorgebracht und das Management sattelt um, weil es vornehmlich den Profit im Auge hat. Der Erfolg schlägt sich nicht schnell genug in konkreten Zahlen nieder und die Neuausrichtung des Unternehmens steht nicht wirklich im Vordergrund.

Es geht um die Glaubwürdigkeit in der Beziehung zum Kunden. Wer Kunden glauben machen will, dass *nur* der Kunde zählt, gilt als unehrlich. Das gilt gleichermaßen für Kunden wie für das Unternehmen. Beide Seiten müssen einen Vorteil haben. Programme mit der Aussage: „Ich bin nur auf der Welt, um dich glücklich zu machen", sind Anleitungen zum Unglücklichsein und werden sowohl im Unternehmen als auch vom Kunden nicht ernst genommen.

*Kundenzufriedenheit muss für das Unternehmen einen Wert an sich haben.*

Für Unternehmen geht es darum, mit Kunden in einem verlässlichen Kontakt und Austausch zu stehen und die Beziehungen zum Vorteil beider Seiten zu gestalten. Alle unternehmerischen Vorgänge sind daraufhin zu überprüfen, ob sie kurz- oder langfristig den Kundennutzen erhöhen. Für den Kunden muss klar sein, was er von den Produkten und Leistungen in welcher Zeit und zu welchem Preis zu erwarten hat.

# TEILASPEKT MITARBEITER-ZUFRIEDENHEIT

Für die Entwicklung und Stabilisierung von Mitarbeiterzufriedenheit existieren keine vergleichbar umfassenden Konzepte oder Programme wie zur Profitmaximierung und zur Kundenorientierung. Es gibt allerdings inzwischen zahlreiche, unterschiedliche Vorgehensweisen zur Mitarbeiterentwicklung: Fortbildungsmaßnahmen, Anreizsysteme, differenzierte Entlohnungen und Erfolgsbeteiligungen, Motivationsstrategien, Wiedereingliederungs- und Ausgliederungsmaßnahmen, Mitarbeiterbefragungen, Maßnahmen zur Verbesserung des Betriebsklimas. Die Vorgehensweisen bleiben immer noch sehr detailliert und isoliert. Mitarbeiterzufriedenheit ist kein zentrales Managementziel, um die Mitarbeiterressourcen im Zusammenspiel mit Gewinn und Kundenorientierung zu nutzen. Von Interesse sind Krankenstand und Fluktuation. Aus ihnen wird jedoch nicht Mitarbeiterzufriedenheit abgelesen, sondern sie werden oft zu Sanktionen

**Abb. 5**    Teilaspekt Mitarbeiterzufriedenheit

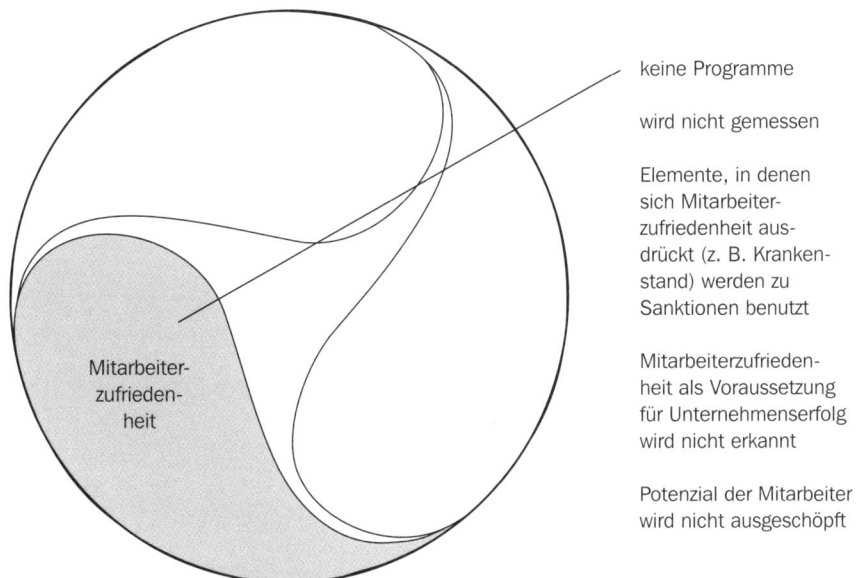

keine Programme

wird nicht gemessen

Elemente, in denen sich Mitarbeiterzufriedenheit ausdrückt (z. B. Krankenstand) werden zu Sanktionen benutzt

Mitarbeiterzufriedenheit als Voraussetzung für Unternehmenserfolg wird nicht erkannt

Potenzial der Mitarbeiter wird nicht ausgeschöpft

Mitarbeiterzufriedenheit

benutzt. Ob die Kräfte der Motivation, der Kreativität und der Ausdauer genutzt werden können, bleibt dem Zufall überlassen. Gerade der Zusammenhang zwischen Mitarbeiterzufriedenheit, die daraus resultierende Innovation und der Unternehmenserfolg kann wie die Spitze eines Eisberges betrachtet werden: Wir erkennen nur einen kleinen Teil und wissen wenig über das Ganze.

Strategien, deren Ziel die Mitarbeiterzufriedenheit ist, gelten oft als Kostentreiber und fallen als Erstes dem Rotstift zum Opfer, wenn es um Einsparungen geht. Immer noch wird in diesem Bereich eher mit Angst- und Schuldinduktionen gearbeitet: in Zeiten von Massenentlassungen eine wirksame Strategie, jedoch für den Unternehmenserfolg verheerend.

Unter Angst ist gute Arbeit unmöglich, eher nehmen die Fehler zu. Werden die Mitarbeiter gekränkt oder ihre Leistungen nicht anerkannt oder aber die Ideen der Mitarbeiter nicht ernst genommen, so vergessen das Menschen nicht und es bleibt als „innere Rechnung" offen, weil das Klima verschlechtert und die Beziehungen beschädigt wurden. Sobald es die Situation erlaubt, werden solche Führungsfehler von Mitarbeitern „zurückgezahlt", manchmal direkt, oft aber in indirekter Weise.

Wenn ein Unternehmen es zulässt, dass sich Unzufriedenheit unter den Mitarbeitern ausbreitet, vergeudet es sein wertvollstes Kapital. Es ist erfolgreicher, endlich die vorhandene Fantasie der Mitarbeiter zu nutzen und die Bedingungen für Innovation in Unternehmen zu schaffen. Im Unternehmen müssen Vertrauen und Respekt Vorrang haben vor Misstrauen und Kontrolle. Es gibt viele Möglichkeiten, Stress oder Kreativität zu fördern, zum Beispiel:

| Stress | Kreativität |
| --- | --- |
| Sei misstrauisch. | Zeige Zuversicht. |
| Schaffe Abhängigkeit. | Schaffe Selbstständigkeit. |
| Übe Kritik. | Gib Unterstützung. |
| Sei ironisch. | Gib Anerkennung. |
| Suche nach Fehlern. | Stelle Optionen nebeneinander. |
| Führe Kontrollen durch. | Schaffe Freiräume. |
| Pflege Heimlichkeiten. | Sorge für Offenheit. |
| Halte Informationen zurück. | Tausche alle Informationen aus. |
| Übe Zeitdruck aus. | Schaffe Möglichkeiten der Entspannung. |

Die Verbesserung zur Mitarbeiterzufriedenheit wird vielerorts ganz an Personalentwickler, Personalabteilungen, Psychologen oder Sozialbereiche abgetreten. Die Aufgaben werden definiert und nicht zur primären Aufgabe des Managements. Doch Freiräume und Selbstständigkeit sind nicht nur für Manager unerlässlich, Gleiches gilt auch für Mitarbeiter. „Mitarbeiter wollen geführt werden, sehnen sich nach Vorgaben und Anweisungen und sind unglücklich, wenn Wege in Diskussionen gefunden werden müssen." Aus diesen Aussagen spricht ein Denken in Kategorien von Hierarchie, Disziplin und Ordnung, das sich ein Unternehmen nicht mehr leisten kann. Ergebnisse von Mitarbeiterbefragungen werden mit gleichen Argumenten vom Tisch gewischt wie Äußerungen bei Kundenbefragungen – dieses Verhalten sollte der Vergangenheit angehören.

Mitarbeiter sind leistungsbereiter und einfallsreicher, wenn sie für ihre Produktivität und nicht nur für ihre Anwesenheit bezahlt werden. Sie sind erfolgreicher im Sinne des Unternehmens, wenn ihre Freiräume und ihre Gestaltungsmöglichkeiten zunehmen. Sicherheit des Arbeitsplatzes, Verantwortung für den Arbeitsprozess, ein gutes Arbeitsklima und gute Beziehungen im Unternehmen sind die wichtigsten Garanten für hohe Motivation.

**Notizbox:**

**Was macht ein Unternehmen erfolgreich?**
Eine Unternehmenskultur als integrierter Prozess kann alle Ressourcen nutzen und ermöglicht die Anpassungsfähigkeit heute und in der Zukunft.

Managementverhalten zur Steigerung von Selbstwert, Respekt und Wertschätzung, die in den Arbeitsbeziehungen gute Kooperation und Kreativität erlauben, sind unerlässlich für bessere Lösungen und Innovationen. Wer Angst hat, Fehler zu machen, macht Fehler, vertuscht sie und verbreitet Nebel, um von sich abzulenken, und schiebt die Schuld auf andere: „Ich habe keine Schuld, wer könnte dafür in Frage kommen?" oder „Ich halte Informationen so lange zurück, bis ich alleine den Erfolg einstreichen kann." Für den Erfolg von Organisationen sind das schlechte und teure Spiele.

**W**o es gelingt, das Zusammenspiel der Kräfte und Beziehungen in eine Balance zu bringen, wird Mitarbeiterzufriedenheit zum integrierten Bestandteil aller Management-Konzepte und Management-Entscheidungen.

41

| Abb. 6 | Hierarchische oder integrierte Unternehmenskultur |

**Was macht ein Unternehmen langfristig erfolgreich?**

Eine Unternehmenskultur als integrierter Prozess kann alle Ressourcen
nutzen und ermöglicht die Anpassungsfähigkeit heute und in der Zukunft.

| hierarchisch | integriert |
|---|---|
| Top 1    wichtigstes Ziel:<br>Gewinn | |
| Top 2    offizielles Ziel:<br>Kundenorientierung | |
| Top 3    drittrangiges Ziel:<br>Mitarbeiterzufriedenheit | |

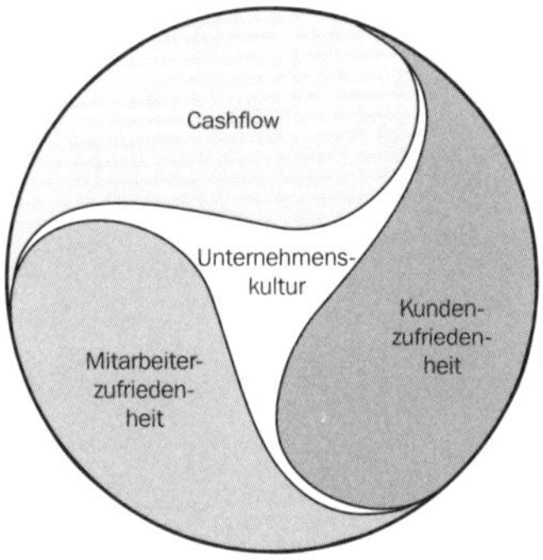

Cashflow

Unternehmens-
kultur

Kunden-
zufrieden-
heit

Mitarbeiter-
zufrieden-
heit

# *U*UNTERNEHMENSKULTUR ALS INTEGRIERTER PROZESS

Unternehmenskultur ist ein häufig gebrauchter Begriff. Er steht für die Werte des Unternehmens, das Miteinander im Unternehmen, zu Kunden und Lieferanten. Sie zeigt sich an den Produkten und Dienstleistungen. Unternehmenskultur steht auch für das Verhältnis des Unternehmens zu den gesellschaftlichen Notwendigkeiten. Der Begriff wird jedoch meist benutzt wie ein weiteres Tool in Managementprogrammen, eine zeitlich befristete Notwendigkeit und eine Werbestrategie.

Unternehmenskultur kann das Zusammenspiel oder die Abspaltung sein, der Ausgleich oder der Gegensatz, der Austausch oder die Trennung. Unternehmenskultur zeigt sich im konkreten Verhalten. Es ist unmöglich, keine Unternehmenskultur zu haben, so wie man auch nicht *nicht* (vgl. Watzlawick, Beavin,

Jackson, 1969) kommunizieren kann. Wie Unternehmenskultur ist und wie sie wirkt, wird für jeden sichtbar in den Regeln und im gezeigten Verhalten: Damit ist das Bewusstsein des Unternehmens die Kultur des Unternehmens.

Unternehmenskultur wird viel zu sehr als moralisches Gewissen verstanden und viel zu wenig als Zusammenspiel. Damit bleiben wesentliche Chancen unbeachtet. Wir müssen Unternehmenskultur völlig neu verstehen und entwerfen. Im Zusammenspiel werden Beziehungen gestaltet, aufgebaut, erhalten und auch wieder aufgelöst. Ungleichgewicht auf Kosten anderer wird meist durch Macht und Kontrolle erreicht.

---

**Notizbox:**

**Worin zeigt sich Unternehmenskultur?**

**1.** Unternehmenskultur zeigt sich in den Beziehungen.

**2.** Unternehmenskultur zeigt sich im Verhalten von Menschen.

**3.** Unternehmenskultur ist das kongruente Zusammenspiel aller Personen, Beziehungen und Elemente in den Prozessen und allen Subprozessen.

**4.** Unternehmenskultur zeigt sich im Ausgleich der Interessengegensätze.

**5.** Unternehmenskultur ist kein Eigenschaft, sondern wird im ganz konkreten Verhalten sichtbar.

**6.** Unternehmenskultur ist der Prozess der Wandlung und Entwicklung im Dienste der betrieblichen Visionen und Pläne.

**7.** Unternehmenskultur veröffentlicht die Werte eines Unternehmens und ist Ausdruck der gefundenen Lösungen.

**8.** Unternehmenskultur entscheidet über den Umgang mit Veränderung.

**9.** Unternehmenskultur zeigt sich in der gesellschaftlichen Einbindung.

# *U*UNTERNEHMENSKULTUR AUS SICHT VON KUNDEN, MITARBEITERN UND UNTERNEHMEN

Missverständnisse, Differenzen, Unverständnis für die Argumentation der anderen sind fast immer durch den eingenommenen Beobachtungsstandpunkt vorgegeben. Beschwert sich ein Kunde, dann will er vor allem die Mängel reklamieren und sie behoben wissen. Es interessiert ihn nicht, welche Entschuldigungen das Unternehmen und die Mitarbeiter vorzubringen haben, sieht er sie doch als Widerstand und Zurückweisung seiner Beschwerde. Die Mitarbeiter wiederum werden vor allem den Fokus auf die im Prozess eingetretenen Schwierigkeiten legen, die sie als Einflüsse erleben und nicht beeinflussen konnten. Diejenigen, die Verantwortung im Unternehmen tragen, sitzen zwischen den Stühlen von Interessen der Kunden und Loyalität zu den Mitarbeitern. Das drückt sich dann in „Ja, aber"-Aussagen aus.

Hier liegt der Ausgangspunkt für Missverständnisse und Misserfolg. Der Standpunkt des Beobachters entscheidet über die Beobachtung.

**Abb. 7**   **Bewertung der Prozesse bei Reklamationen**

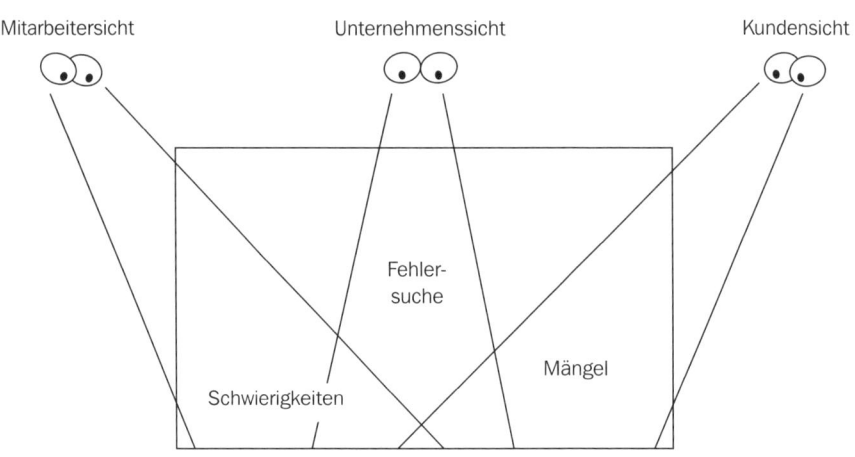

Prozess und Ergebnis sind jedoch nicht voneinander zu trennen. Jeder Beteiligte im Spiel weiß das sehr genau. Eine Fußballmannschaft, die den Misserfolg nur ihrem Torwart wegen eines nicht gehaltenen Balles zuschreibt, belässt es beim Mikroausschnitt in der Bewertung der Vorgänge. Dort, wo sich die unterschiedlichen Betrachtungen treffen, sind Gemeinsamkeiten und Übereinstimmungen ohne weiteres möglich. Im gesamten Prozess, der alle Personen, die Einflüsse, die Vorgehensweisen und die Prozesse einbezieht, gibt es noch genügend „weiße Felder", die Verbesserungen in der Zusammenarbeit und im Zusammenwirken möglich machen. Bei aller Unterschiedlichkeit in der Betrachtung überschneiden sich Sichtweisen und es gibt Übereinstimmungen. Sie sind ungenutzte Ressourcen, die über Wettbewerbserfolg, Profit, Kunden- und Mitarbeiterzufriedenheit entscheiden können. Das Beharren auf dem eigenen Standpunkt bringt keine neuen Informationen. Erst andere Sichtweisen erweitern eigenes Wissen und schaffen neue Möglichkeiten. Doch nur Interesse und Neugierde erlauben es, von den Ideen anderer etwas zu erfahren und zu lernen.

| Abb. 8 | Übereinstimmung bei unterschiedlichen Sichtweisen |
|---|---|

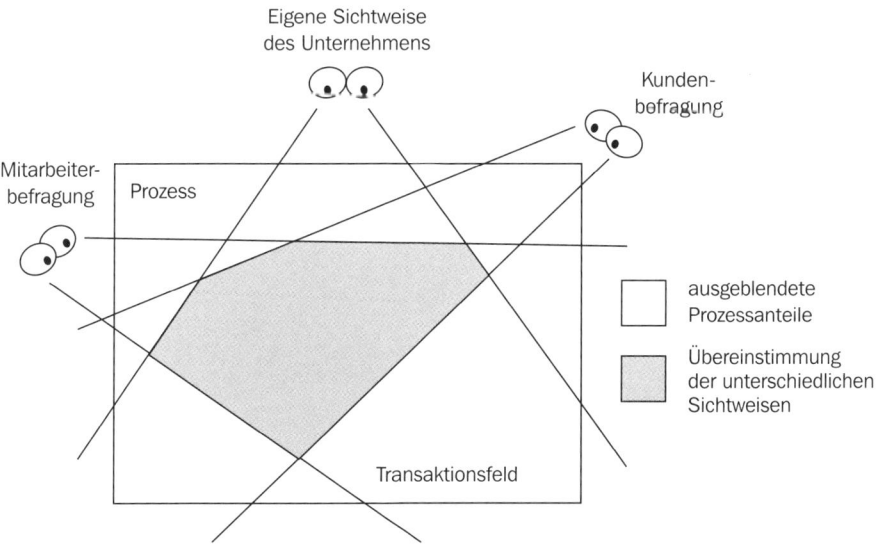

**Die Bewertung von Unternehmensprozessen ist abhängig von der Position des Beobachters**

Eigene Sichtweise des Unternehmens

Kundenbefragung

Mitarbeiterbefragung

Prozess

ausgeblendete Prozessanteile

Übereinstimmung der unterschiedlichen Sichtweisen

Transaktionsfeld

# BEZIEHUNGEN ZWISCHEN KUNDEN, MITARBEITERN UND UNTERNEHMEN UND IHRE AUSWIRKUNGEN AUF DEN UNTERNEHMENSERFOLG

Unternehmenskultur zeigt sich im Dialog mit den Kunden. Dialog ist eine viel gebrauchte, aber oftmals missverstandene Beziehungsregel. Dialog meint den Austausch von Geben und Nehmen sowie den Beitrag am Prozess und am Ergebnis, die gegenseitige Beeinflussung, die Informationen und Anreize schafft. Das Tun des einen bedingt das Tun des anderen. Dialog wird oft mit komplementärer Einseitigkeit verwechselt. Doch erst wenn der andere mich und ich ihn auf neue Ideen bringe, kann von Dialog geredet werden (siehe Abbildung 9).

**Abb. 9**  **Unternehmenskultur und Beziehungen zu Kunden**

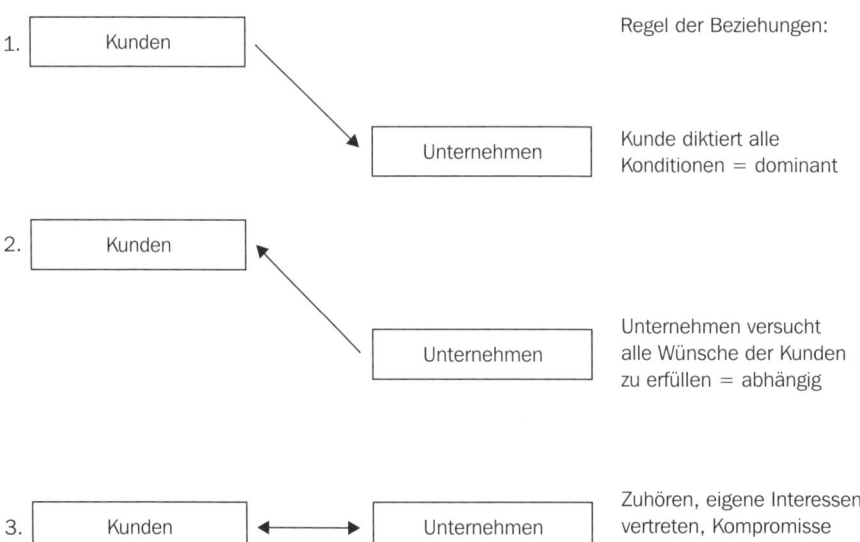

**Unternehmenskultur zeigt sich im Dialog
zwischen den Kunden und dem Unternehmen**

1.  Kunden

    Unternehmen

2.  Kunden

    Unternehmen

3.  Kunden ←→ Unternehmen

Regel der Beziehungen:

Kunde diktiert alle
Konditionen = dominant

Unternehmen versucht
alle Wünsche der Kunden
zu erfüllen = abhängig

Zuhören, eigene Interessen
vertreten, Kompromisse
suchen = partnerschaftlich

| Abb. 10 | Beziehungen zu Mitarbeitern |
|---|---|

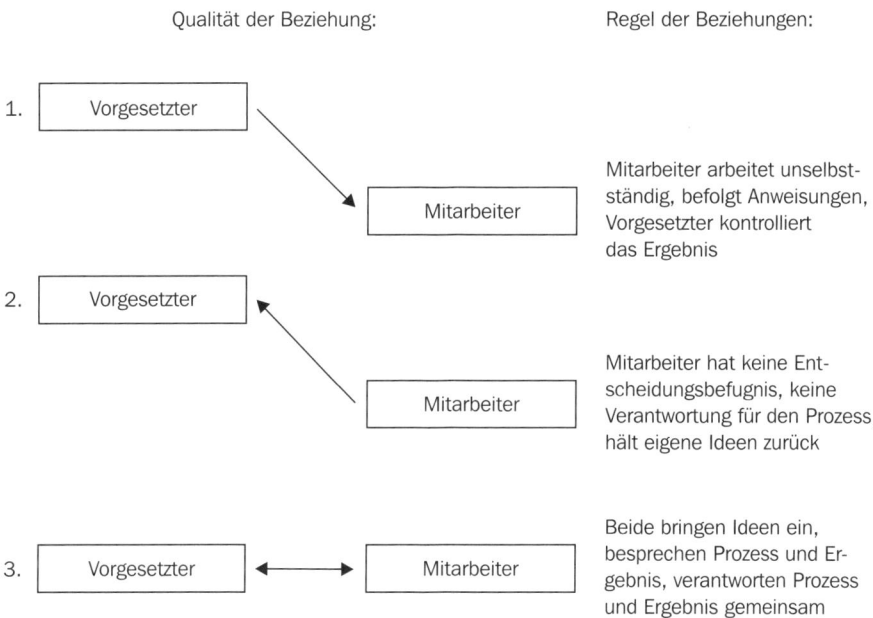

**Unternehmenskultur zeigt sich im Dialog
zwischen Vorgesetzten und Mitarbeitern**

Qualität der Beziehung:

Regel der Beziehungen:

1. Vorgesetzter → Mitarbeiter

Mitarbeiter arbeitet unselbstständig, befolgt Anweisungen, Vorgesetzter kontrolliert das Ergebnis

2. Vorgesetzter ← Mitarbeiter

Mitarbeiter hat keine Entscheidungsbefugnis, keine Verantwortung für den Prozess, hält eigene Ideen zurück

3. Vorgesetzter ←→ Mitarbeiter

Beide bringen Ideen ein, besprechen Prozess und Ergebnis, verantworten Prozess und Ergebnis gemeinsam

Die gleiche Spielregel trifft auf den Umgang mit Mitarbeitern zu. Wer im Umgang mit Kunden zum Dialog fähig ist, der wird diese erfolgreiche Verhaltensweisen bei seinen Mitarbeitern beibehalten und seine soziale Kompetenz auch anderswo anwenden. Es ist eine Haltung, die sich im Verhalten zeigt und nicht in Taktik.

Die Umkehrung gilt ebenso: Wer seine Kunden schlecht behandelt, wird auch die Interessen seiner Mitarbeiter nicht berücksichtigen. Wer nur die eine Richtung propagiert, wird sich an die Hierarchie halten: nach oben ducken und nach unten treten. Ein längst überholtes Verhalten, nicht nur vom Umgangsstil, sondern auch aus Gründen der Wirtschaftlichkeit. Es geht *nicht* um die Regel: „Sei nett mit und zu deinen Mitarbeitern oder Kunden", sondern um das respektvolle und ebenbürtige Miteinander, wo jeder seine Rolle, Aufgabe, Verantwortung und die Bedeutung des Zusammenspiels kennt.

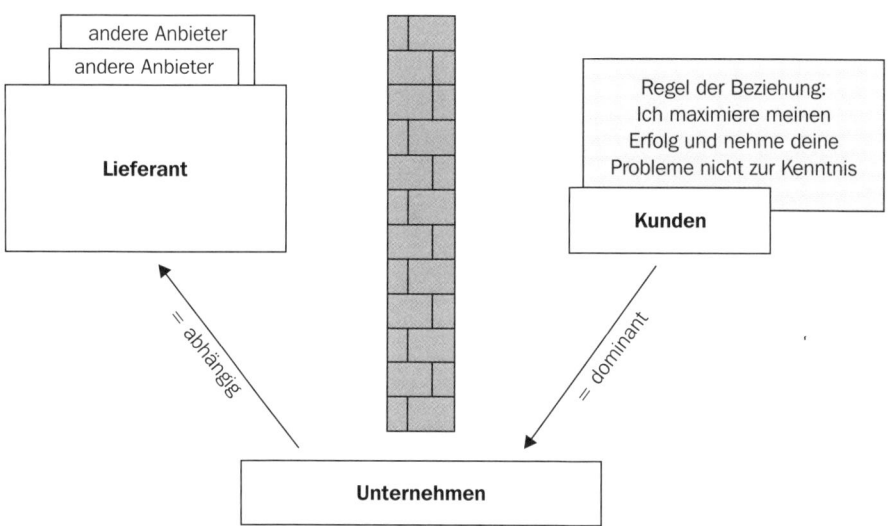

**Abb. 11** **Abhängigkeit von Lieferanten und Kunden**

Das Unternehmen ist nicht nur abhängig von seinen Kunden, sondern genauso von den Lieferanten. Da noch immer nicht die Prozesse als gemeinsames Geschäft verstanden werden, in dem der Erfolg im Zusammenwirken liegt, gibt es Grenzen und Mauern in der Zusammenarbeit. Ganz versprengt werden hier und da schon Gespräche am runden Tisch mit allen Beteiligten versucht. Übrigens mit sehr guten Ergebnissen, weil nicht jeder versucht, dem anderen „in die Tasche zu fassen". Zunächst sind es manchmal nur Berührungsängste, dass man sich mehr aus dem Wege geht, statt den intensiven Kontakt zu suchen. Doch daraus werden Muster, schließlich Schranken und Barrieren. Sich aus dem Wege gehen, den anderen als Konkurrenten begreifen, das schafft Distanz und macht persönliche Begegnungen sehr schwierig. Erst das Verständnis und die Einsicht in den gesamten Ablauf, in die persönlichen Notwendigkeiten und die Herausforderungen der Partner erweitern den Horizont und die Lösungsmöglichkeiten.

# WORAN PROGRAMME SCHEITERN

Woran scheitern die bisher gewählten Programme, obwohl jedes Programm für sich gute Ansätze zu Verbesserungen geben kann? Wie Abbildung 12 zeigt, sind die Kreisläufe zu eng und es fehlen globale Betrachtungsweisen. Sie zielen nur auf den Profit oder beziehen den Kunden nur teilweise mit ein. Bei einem integrierten Prozess werden alle Teilaspekte mit erfasst und die Interessenunterschiede berücksichtigt. Oft haben Programme gute Grundlagen, sie greifen sehr zielgerichtet in die Unternehmensabläufe ein und können wichtige Verbesserungen erzielen. Zum Beispiel können im Rahmen von Time Based Management Durchlaufzeiten wesentlich verkürzt werden. Was allerorts in Unternehmen jedoch geäußert wird, ist: „Wir haben es so hoffnungsvoll begonnen, jedoch sind die Ergebnisse nie voll ausgeschöpft worden. Wir sollten erst einmal da weiter arbeiten, bevor Neues gestartet wird." Es fehlt das Verständnis für die Notwendigkeit von Entscheidungen zur Veränderung. Dabei zeigt sich, dass der Wirkungskreis der Programme zu gering ist oder nicht wirklich ausgeschöpft wird. Man beginnt mit großem Engagement, scheitert am zu starren Handlungsrahmen. Notwendige Konsequenzen würden Feedback und kurze Lernschleifen sowie individuelle Lösungen und Kreativität voraussetzen.

Worauf es wirklich ankommt, sind Strategien, die das Unternehmen auf grundsätzliches Veränderungsmanagement einstellen. Viel zu oft suchen Manager Veränderungsprogramme, die das Unternehmen in der bestehenden Ordnung belassen und möglichst keine Irritationen hervorrufen. Zu viel der alten Ordnung stört jedoch das Entwickeln neuen Bewusstseins. Veränderungskonzepte brauchen den Mut des Managements zur Ungewissheit. Der einzelne Manager im Unternehmen kann diesen Prozess nicht allein starten. Er läuft viel zu sehr Gefahr, ausgebremst und behindert zu werden. Dagegen sind einige „Überzeugte" schon durchsetzungsfähiger. Solange ein Unternehmen keine Vision hat, sondern nur Strategien kennt, fehlt das zielgerichtete Verständnis für Entscheidungen. Das Entwickeln von tragfähigen Beziehungen schafft die geistige Voraussetzung für das Vorgehen und die Leistungsbereitschaft. Auf der Ebene der Handlungen ist es besonders wichtig und nötig, die Veränderungskreisläufe in ihrem Wirkungsbereich vorzubereiten und für Veränderungsprozesse die notwendigen Ressourcen zu nutzen und einzubeziehen. Lebt ein Teilaspekt auf Kosten anderer, muss ein Konsens gefunden werden.

| Abb. 12 | Woran Programme scheitern |
| --- | --- |

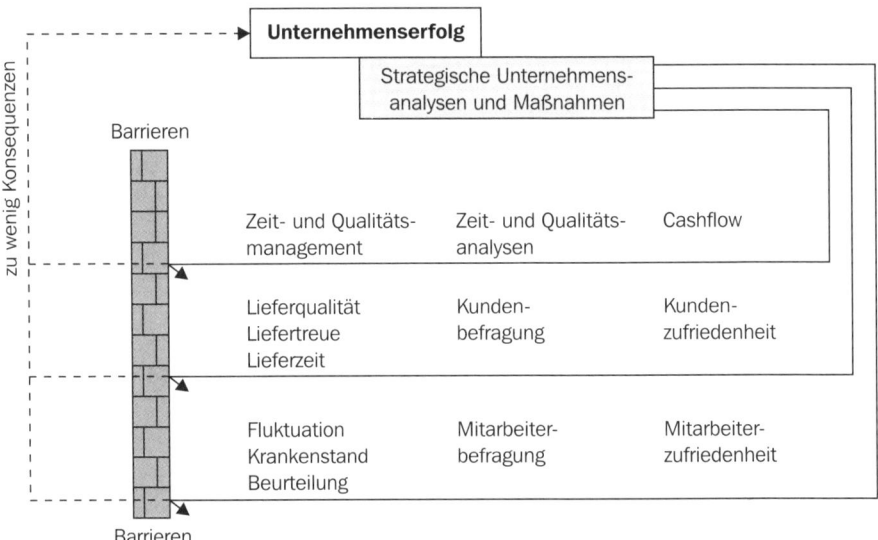

Das Wesentliche ist jedoch das Zusammenspiel aller Teilbereiche zu einem Prozess. Es gilt die Feedback-Schleifen zu nutzen, Maßnahmen zu treffen und klare Konsequenzen aus den Informationen zu ziehen und auf Überraschungen gespannt zu sein!

# WORAN MAN EIN INTEGRIERTES VORGEHEN ERKENNT

Langfristiger Unternehmenserfolg resultiert aus dem optimalen Zusammenwirken von Profit, Kundenzufriedenheit, Mitarbeiterzufriedenheit und der Orientierung auf eine Vision. Dies bedeutet:

◆ Teilaspekte sind aufeinander abgestimmt.

◆ Es wird in Prozessen gedacht und gehandelt statt in Hierarchien.

◆ Das Vorgehen ist flexibel und multistabil.

◆ Kunden, Lieferanten, Kooperationspartner und Mitarbeiter sind im Prozess gefragt, beteiligt und mitverantwortlich.

◆ Durch Feedback-Systeme werden regelmäßig Beurteilungen eingeholt.

◆ Aus neuen Erfahrungen werden unmittelbar Konsequenzen gezogen.

◆ Der Prozess des ständigen Lernens ist fortlaufend.

◆ Veränderungsprozesse verstehen und managen.

**Abb. 13**  Unternehmenskultur als integrierter Prozess

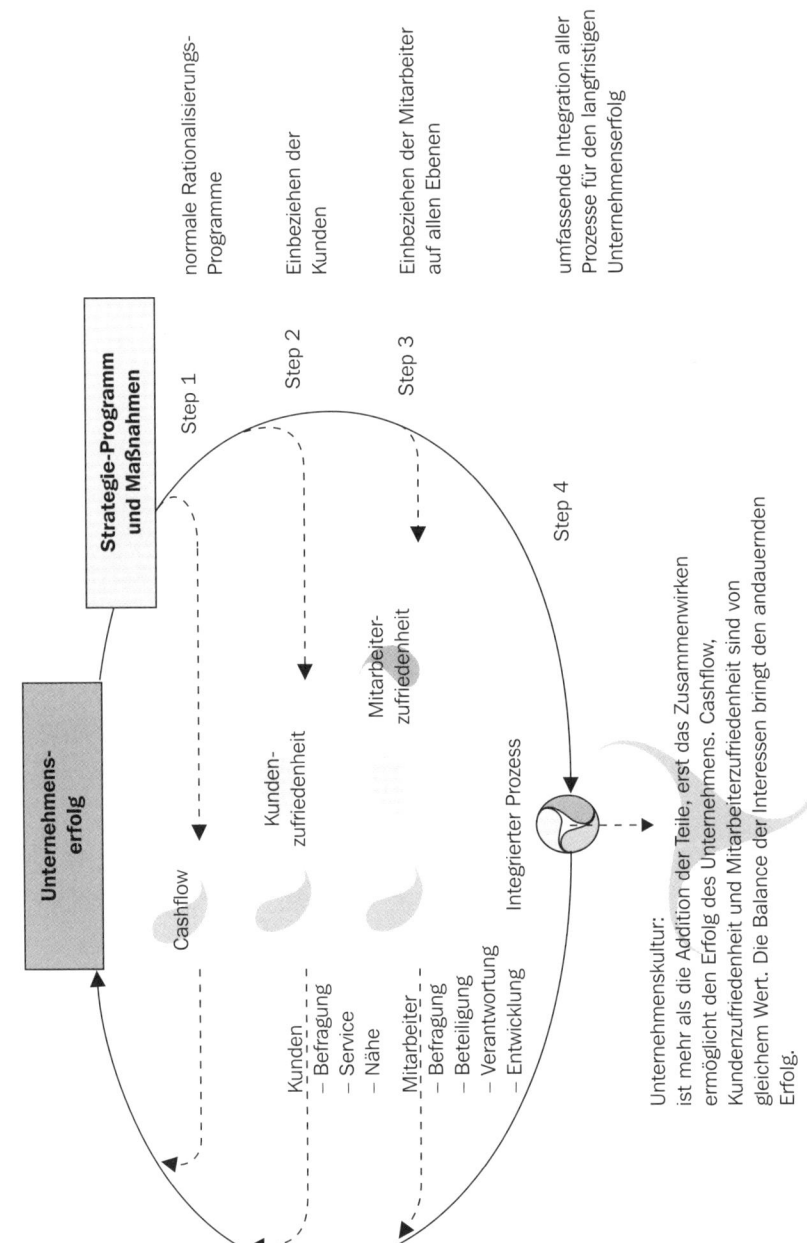

Strategie-Programm und Maßnahmen

Step 1 — normale Rationalisierungs-Programme

Step 2 — Einbeziehen der Kunden

Step 3 — Einbeziehen der Mitarbeiter auf allen Ebenen

Step 4 — umfassende Integration aller Prozesse für den langfristigen Unternehmenserfolg

Unternehmens-erfolg

Cashflow

Kunden-zufriedenheit

Mitarbeiter-zufriedenheit

Integrierter Prozess

Kunden
– Befragung
– Service
– Nähe

Mitarbeiter
– Befragung
– Beteiligung
– Verantwortung
– Entwicklung

Unternehmenskultur:
ist mehr als die Addition der Teile, erst das Zusammenwirken ermöglicht den Erfolg des Unternehmens. Cashflow, Kundenzufriedenheit und Mitarbeiterzufriedenheit sind von gleichem Wert. Die Balance der Interessen bringt den andauernden Erfolg.

# KAPITEL 3

# Veränderungsprozesse verstehen und managen

## VERÄNDERUNGEN IN HUMANSYSTEMEN

Die meisten Manager, Managementberater und andere an Veränderungen Beteiligte sind Spezialisten für die technischen und betriebswirtschaftlichen Prozesse. *Sie sind keine Spezialisten für umfassende Veränderung*, sodass das Zusammenwirken von Menschen und technisch-betriebswirtschaftlichen Faktoren im Veränderungsprozess überhaupt nicht berücksichtigt wird. Sie kennen die Vorgänge der Prozesse auf das Genaueste. Sie erkennen, woran es bei den Prozessen mangelt, gehen rational-analytisch vor und haben eine Idealvorstellung, wie zu verfahren wäre. Oft verstehen sie nicht, woran es dennoch scheitert. Die Vorwürfe und Schuldzuweisungen für den Misserfolg treffen meist Mitarbeiter, denen die genaue Umsetzung nicht gelingt. Diese Umsetzung kann aber gar nicht gelingen, weil ein wesentlicher Aspekt außer Acht gelassen wurde: *der Faktor Mensch*.

Um Veränderungen in Unternehmen und Organisationen zu dauerhaftem Erfolg zu führen, braucht es ein Bündel an Erkenntnissen und Vorgehensweisen, die zusammen vielfältige Optionen für den Veränderungsprozess bereitstellen. Sie ordnen Strukturen, beschreiben Prozesse und begleiten Operationen vom aktuellen bis zum zukünftigen Zustand.

| Abb. 14 | **Welche Modelle begleiten den Veränderungsprozess?** |

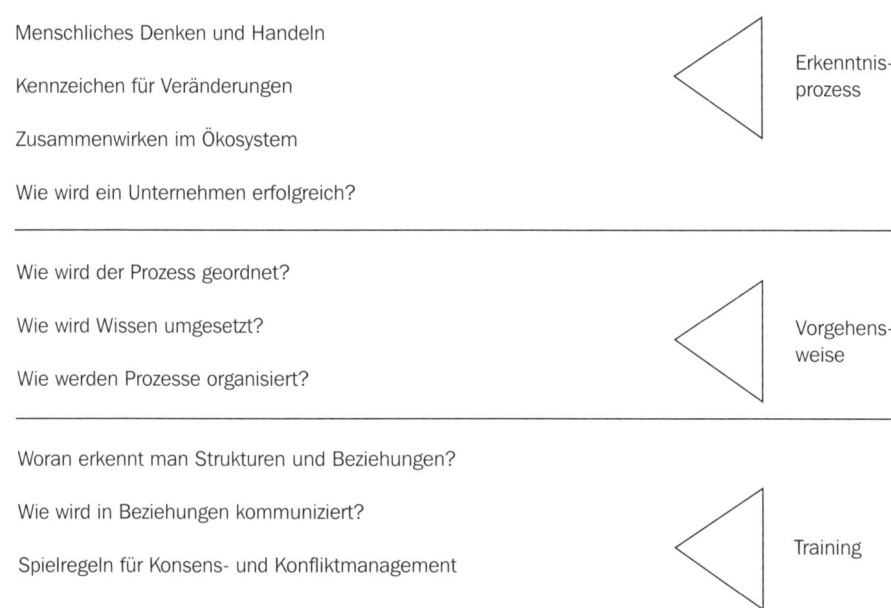

Menschliches Denken und Handeln

Kennzeichen für Veränderungen

Zusammenwirken im Ökosystem

Wie wird ein Unternehmen erfolgreich?

Erkenntnis-
prozess

Wie wird der Prozess geordnet?

Wie wird Wissen umgesetzt?

Wie werden Prozesse organisiert?

Vorgehens-
weise

Woran erkennt man Strukturen und Beziehungen?

Wie wird in Beziehungen kommuniziert?

Spielregeln für Konsens- und Konfliktmanagement

Training

## Menschliches Denken und Handeln

Beziehung gestaltet sich durch unterschiedliche Elemente. Dazu gehören:

◆ Die Fähigkeit zu sprechen (verbales Verhalten) und der Ausdruck der Stimme: durch Modulation, Rhythmus und Tonlage (paraverbales Verhalten).

◆ Der Körper mit seiner Gestik und Mimik und seinen Bewegungen (nonverbales Verhalten).

◆ Das Gehirn, das durch genetisches (Ererbtes) und syngenetisches Programm (Erlerntes) Informationen vergleichen, verarbeiten und neu konstruieren kann (vgl. Guntern, 1992).

◆ Die Sinnesorgane – Augen, Ohren, Nase, Mund, Hand, Haut –, die es ermöglichen zu sehen, zu hören, zu schmecken, zu riechen, zu berühren und berührt zu werden.

**Abb. 15**    **Zentrierung der Gehirnleistungen unter Stress**

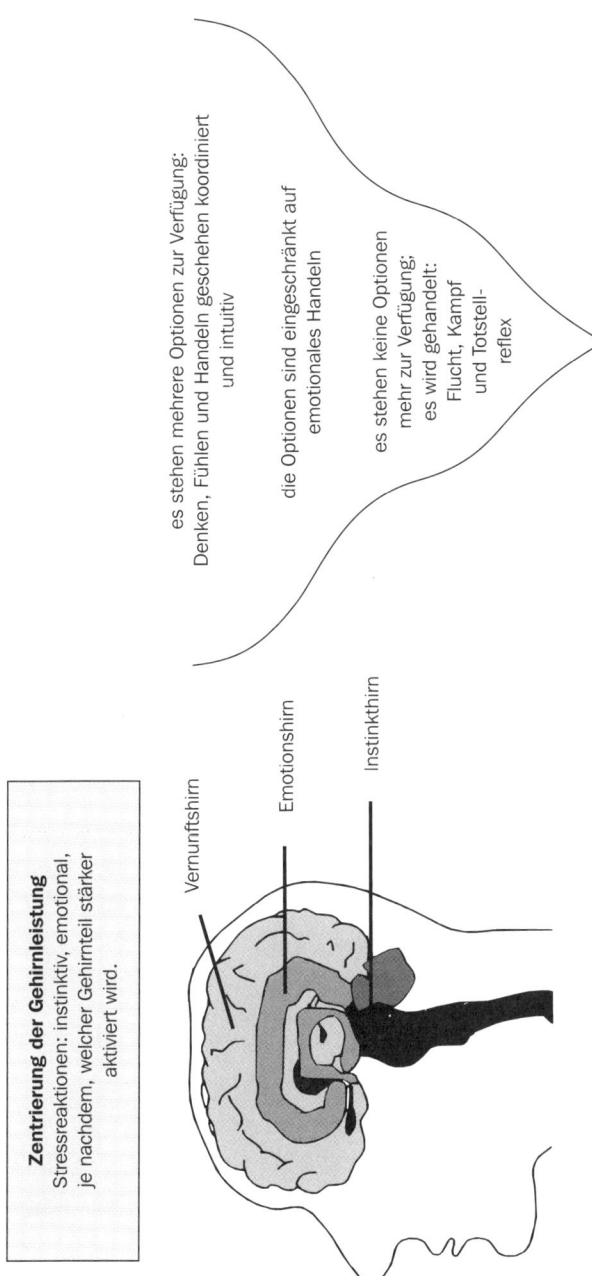

es stehen mehrere Optionen zur Verfügung: Denken, Fühlen und Handeln geschehen koordiniert und intuitiv

die Optionen sind eingeschränkt auf emotionales Handeln

es stehen keine Optionen mehr zur Verfügung; es wird gehandelt: Flucht, Kampf und Totstell-reflex

Vernunftshirn

Emotionshirn

Instinkthirn

**Zentrierung der Gehirnleistung**
Stressreaktionen: instinktiv, emotional, je nachdem, welcher Gehirnteil stärker aktiviert wird.

◆ Die Erwartungen an den Augenblick und die Zukunft, die aus vergangenen Erfahrungen gesammelt sind.

◆ Die Werte, jene Konzepte, die zeigen, wie man versucht, mit Menschen und dem jeweiligen Umfeld zurechtzukommen und zu überleben.

◆ Die Spielregeln, die man in seiner Familie, in Schule, Berufsleben und Gesellschaft erlernt, verfestigt hat und immer wieder neu gestaltet.

◆ Der Kontext, in dem Beziehungen ihre Bedeutung und Bewertung erhalten.

An dem Ergebnis und durch die Qualität der Beziehungen bestimmt sich unser Selbstwert. Die Informationen, die Erlebnisse und das Ergebnis werden je nach Standpunkt in Fremd- oder Selbstbild aufgeteilt.

## ▓ Verhalten unter Stress

Menschen, die unter Stress stehen, die durch äußere und innere Ereignisse mit sich, anderen oder dem Kontext in Konflikt geraten, reduzieren ihre Möglichkeiten. Je größer der Stress, desto enger werden die Reaktionen. Die Menschen handeln dann eher instinktiv und/oder emotional als rational, je nachdem welcher Gehirnteil stärker aktiviert wird.

*Bei Veränderungsprozessen ist es deshalb von größter Wichtigkeit, Menschen nicht in akute oder dauerhafte Stressreaktionen zu bringen, die ihre Instinkte der Verteidigung, der Selbsterhaltung oder ihren Territorialinstinkt alarmieren oder ihre Emotionen und Stimmungen zu rigiden, ich-zentrierten und absoluten Urteilen stimulieren.* Das kann sehr leicht geschehen, wenn einseitige Lösungen zu schnell und gegen andere durchgesetzt werden sollen. Es gibt noch weitere Gründe, schlechte Stimmung, Angst- und Verteidigungsreaktionen zu vermeiden: Konzentration und Leistung lassen in Stresssituationen nach und die Fehlerhäufigkeit nimmt zu. Wird hier überzogen, führt dies zu Einseitigkeit und Intoleranz.

Viel hilfreicher ist es, Optionen zu suchen und offen zu halten, relativierend und flexibel zu sein, Gespräche zu führen, Argumente auszutauschen, Meinungen zu hören, den Prozess mit allen seinen Variablen zu analysieren, Vor- und Nachteile abzuwägen, Lösungen nicht zu schnell durchzupeitschen.

Eine andere Gefahr geht von einem Mangel an Emotionen aus, der durch eine zu starke kognitive Ausrichtung erzeugt wird. Eine Welt ohne Emotionen ist kalt. Emotionen sind Ausdruck der Sinne und der Erlebnisfähigkeit, die wir in einer sinnentleerten Gesellschaft bitter nötig haben. Emotionen dienen so der Erweiterung der Gehirnleistungen und nicht der Reduktion. Begeisterung und

Leidenschaft sind die Flügel der Veränderung, die wir brauchen, um Hürden zu nehmen. Gerade im Management sind Emotionen eher verborgene Tugenden, Charakterschwächen, „weibliche" Attitüden, weil sie sich natürlicherweise nicht der Kontrolle unterziehen lassen oder diese überwinden. Sie sind Teil des kreativen Prozesses und das Gegenteil von Zwanghaftigkeit. Ob etwas richtig oder falsch ist, kann nicht nur vernunftsmäßig entschieden werden. Durch eine tiefere innere Überprüfung wird bewertet, ob sich die Entscheidung gegen die persönlichen Werte richtet. In sich „hineinzuhören", die Dinge noch einmal „zu überschlafen" ist wichtig für den Abwägungsprozess. Erst danach *fühlen* wir uns in unserer Entscheidung sicher.

# KRISEN ALS PHASEN DER VERÄNDERUNG

Bei Veränderungen setzen wir voraus, dass eine Motivation zur Veränderung vorliegt, die Entschlossenheit und Intensität einschließt, um dann zielgerecht und ohne größere Turbulenzen zum gewünschten Ergebnis zu kommen. Das ist leider nicht der Fall!

Abbildung 16 zeigt den Weg durch den Veränderungsprozess. Beim Start ist zu prüfen, wie groß der Wunsch nach Veränderung *wirklich* ist. In den meisten Fällen wird einfach entschieden, statt zu prüfen, oder es kommt zu einer „Ja-Nein"-Entscheidung: „Bist du nicht dafür, dann bist du dagegen." Da die Situation mit ihrem Dafür und Dagegen ambivalent erlebt wird, kann oder will man eine eindeutige Entscheidung mit allen Konsequenzen treffen. Notwendigen und einsichtigen Veränderungswünschen kann man nicht widersprechen. Ist man aber deshalb schon dafür? Sowohl durch „Entweder-oder"-Situationen als auch durch zu schnelle Entscheidungen fallen bedenkenswerte Einwände unter den Tisch. Aus Erfahrung kennen viele den späteren Vorhalt: „Du warst doch auch dafür." Der bedeutendste Fehler im Veränderungsprozess entsteht in diesem Dilemma. Viel angemessener ist es zu fragen, zu wie viel Prozent Veränderungsbereitschaft besteht. Bin ich überwiegend engagiert, dann werde ich auch gewisse Durststrecken überwinden, dagegen werde ich mich bei nur 40 Prozent früh auf Einwände und Störungen berufen. Beispielsweise wird durch die Prozentangabe intuitiv erfasst, wie groß die Bereitschaft ist, aber auch wie groß der Einwand. So

**Abb. 16** Der Veränderungsprozess

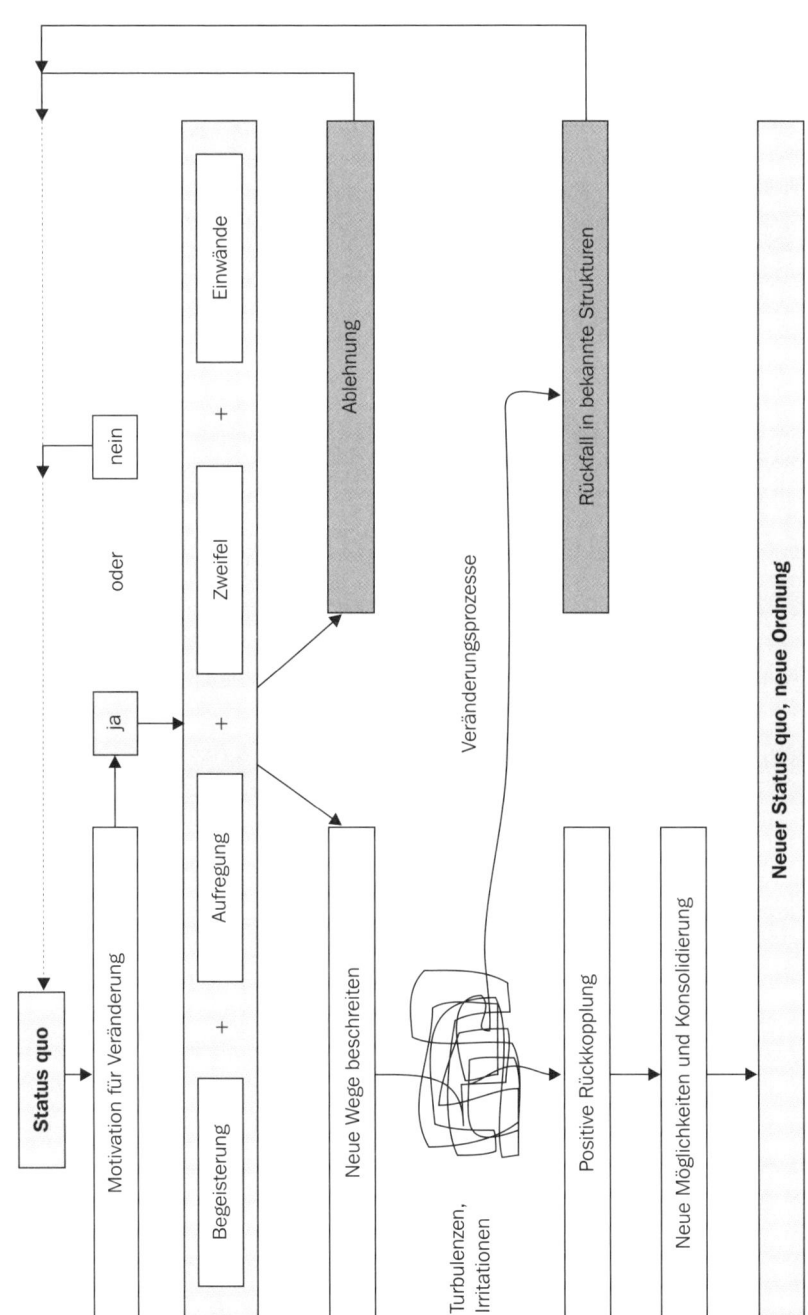

Status quo

Motivation für Veränderung

ja / nein / oder

Begeisterung + Aufregung + Zweifel + Einwände

Ablehnung

Neue Wege beschreiten

Veränderungsprozesse

Rückfall in bekannte Strukturen

Turbulenzen, Irritationen

Positive Rückkopplung

Neue Möglichkeiten und Konsolidierung

Neuer Status quo, neue Ordnung

58

kann abgewogen und eine ausgewogene Entscheidung getroffen werden. Beim Zusammenstellen von Projektteams zum Beispiel sagen Teilnehmer oft: „Ja, ich mache gerne mit, aber ich muss schauen, ob es in meinen Terminplan passt." Das kann sein, aber das „Ja, aber" weist darauf hin, welche Aspekte dagegen sprechen. Im Verlauf zeigt sich dann, dass die Zeit nicht da ist und dieses Mitglied nicht seinen Einsatz bringen kann. Ständige Zeitprobleme stören dann die Zusammenarbeit und beeinflussen das Ergebnis nachteilig. Ebenso ist es mit Mitgliedern, die sagen: „Ich kann eigentlich nicht, aber ich sollte dabei sein." Auch hier ist der Einwand größer als das zu erwartende Engagement. Solche Teammitglieder sind oft Platzhalter, die eher den Fortgang kontrollieren wollen als aktiv mitarbeiten. Sie bringen nicht mehr als 50 Prozent auf die Waagschale der Veränderungsbereitschaft und Beteiligung und stören damit den Fortgang. Wenn nicht ausreichender Veränderungswille vorhanden ist, kann nur bedingt gestartet werden. Vielleicht sind die Beteiligten falsch ausgewählt oder aber der Zeitpunkt ist unpassend und man sollte den Veränderungsprozess besser nicht starten.

Wenn alle Beteiligten hochmotiviert sind, Veränderungen durchzuführen, dann sind Begeisterung, Aufregung, Zweifel und Einwände normale Bestandteile des Prozesses. Angenommen, Sie entschließen sich zu einer Abenteuerreise, dann werden diese Teile Ihre Vorbereitung und Durchführung begleiten (siehe Abbildung 16). Zweifel und Einwände lassen Sie gewisse Überprüfungen und Sicherungen einbauen, Begeisterung und Aufregung geben Ihnen den Mut zur Durchführung. In Unternehmen werden häufig unterschiedliche Personen die Positionen der Begeisterung, Aufregung, Zweifel und Einwände besetzen. Sie geraten dann in Auseinandersetzungen und spalten sich. Doch sind gerade Einwände und Zweifel zu respektieren und dürfen nicht einfach abgetan werden. Sie sind wichtige Voraussetzungen für den zu bestimmenden Weg und die Vorbereitung. Sonst melden sich diese Mitarbeiter bei ersten Hindernissen unter dem Motto: „Hab' ich ja gleich gesagt." Diese Haltung ist nicht gleichzusetzen mit der Einstellung, die nur beharren und den Prozess mit allen Mitteln und Techniken abblocken will. Wer nur auf die Begeisterten hört, beachtet notwendige Einwände nicht. Wer nur dem Zweifel die Ehre gibt, wird die Hindernisse nicht überspringen.

Überwiegen Begeisterung und Aufregung, können neue Wege beschritten werden. Wenn dagegen Zweifel und Einwände größer sind, geht das System zurück auf den Status quo. Entscheidend für das Gelingen der Veränderungen ist die Erkenntnis, dass Veränderungen nicht ohne Irritationen und Turbulenzen geschehen. *Wer in Abläufen, Strukturen, Hierarchien und Beziehungen Neuerungen einführt und mit eingeschliffenen Traditionen und Verhaltensweisen bricht, sollte diese Turbulenzen als Beweis der neuen, ungewohnten Verfahrens- und Veränderungsweisen begrüßen.* Stattdessen wird zu diesem Zeitpunkt schnell und laut nach dem alten, sicheren Zustand gerufen, vor allem von den Zweiflern. Lieber zurück als in das ungewisse Neue! Manager brechen in dieser Phase Veränderungsbemühungen ab, schicken die Berater nach Hause. Berater, die allzu stromlinienförmige Versprechungen gemacht haben, werden von den Turbulenzen überrascht, reagieren ängstlich und reduzieren ihre Vorhaben. Wer Veränderungsprozesse als „easy going" angekündigt hat, dem geht jetzt der Wind aus den Segeln, und er ist nicht in der Lage, das Unternehmen durch diese „Veränderungskrise" zu führen. Jetzt sind Zutrauen und Führung verlangt. Jetzt zeigt sich der Vorteil von kreativen Konzepten, die aus Fehlern lernen und bei Engpässen alternative Wege und neues Verhalten entwickeln können. Es stellt sich die Frage: Wollen wir aus den Ereignissen lernen oder werfen wir frustriert die Flinte ins Korn?

Erst wenn die Phase der Turbulenzen durchschritten ist, die positiven und negativen Ergebnisse als Informationen zur positiven Rückkoppelung genutzt worden sind, Teilergebnisse reflektiert, Ziele angepasst und konkretisiert wurden, Konsequenzen und Alternativen erprobt sind, kommt es zu neuen Möglichkeiten und zur Konsolidierung. Erst danach erreicht man den neuen, gewünschten Status quo, der sich für eine Zeit erhält und von wo aus die Welt sich erneut ändert.

# WIE WIRD DER PROZESS GEORDNET?

Benötigt ein Unternehmen eine Vision? Sind Visionen schädlich, Hirngespinste oder romantische Illusionen? Sind Visionen notwendige Voraussetzung für großzügige Veränderungen und kreative Leistungen, Führung und Leadership? Um diese Fragen beantworten zu können, müssen wir uns diesem Phänomen etwas nähern. Visionen sind Ideen, Vorstellungen, Träume, die in der Zukunft liegen. Sie sind nicht so konkret und anfassbar wie Ziele, lassen sich manchmal nur schwer in Worten, sondern eher in Bildern ausdrücken. Sie erfassen und bewegen Menschen. Sie lassen uns über uns selbst hinauswachsen. Sie schaffen Leichtigkeit selbst bei schwierigen Aufgaben. Deshalb rückt immer mehr in unser Bewusstsein, dass auch die Menschen in Unternehmen die Fähigkeit zur Vision brauchen, um weit voranzukommen, um „Unmögliches zu leisten" und den Vorhaben einen Sinn geben. Ein Unternehmen muss bereit sein, Teams zu unterstützen und zu fördern, die Ungewöhnliches zu entwickeln in der Lage sind, die nicht nur nachahmen, sondern hervorbringen.

Doch immer noch beschäftigen sich die meisten Unternehmen ausschließlich mit zielgerichteten Strategien, ausgerichtet auf die nahe Zukunft, ohne wirkliche Herausforderung, die kreative Leistung und leidenschaftlichen Einsatz erforderlich macht. Die Vorgehensweisen sind überprüf- und messbar, doch ohne jede Spannung. In vielen Unternehmen kommt noch hinzu, dass Strategien nicht auf Ziele abgestimmt sind, unterschiedliche, mitunter widersprüchliche Ziele verfolgt werden: praktizierte Regeln, die nicht zu neuen Strategien passen; konkrete Operationen, die nicht auf ihre Strategien und Ziele hin überprüft werden.

# *L*EBEN MIT WIDERSPRÜCHEN

Nicht alles ist machbar. Vieles zeichnet sich durch Widersprüche, Unvollständigkeiten und Gegensätze aus (vgl. Handy, 1994). Umso notwendiger erscheint es, diese Widersprüche nicht ausmerzen zu wollen, sondern sie in ihrer Fülle zu verstehen. Was zu schnell festgelegt wird, hat keine Chance, sich zu entfalten. In Unternehmen leben wir mit einer Vielfalt von Widersprüchen. Die Betrachtung von Unterschieden, die Betonung verschiedener Aspekte, zum Beispiel die persönlichen Werte, die Zugehörigkeit zum Unternehmen, dem Verantwortungsbereich, den Zielen usw., würden sehr viel mehr Vielfalt erlauben. Stehen sie im Unterschied zueinander, werden sie oft als sich ausschließende Gegensätze zum gegenseitigen Durchstreichen benutzt. Das Fehlen an Toleranz, das Aushalten von Frustrationen und die mangelnde Fähigkeit, Unterschiede zum Konsens zu führen, sind Gründe dafür. In hierarchischen Gesellschaften sind sie lange trainiert und das entsprechende Verhalten wurde belohnt und gefördert. Inzwischen wissen wir mehr. In der Vielfalt liegt die Erkenntnis, dass Widersprüche, in einem bestimmten Maße, auch ausgehalten werden müssen. Lebende Systeme müssen durch ihre hohe Komplexität zum eigenen Überleben diese gegensätzlichen Tendenzen und Widersprüche organisieren und ausbalancieren. In der Änderung bewahren sie ihre Identität, und sie finden ihr Gleichgewicht in der Bewegung. Das setzt bestimmte Fähigkeiten voraus. Bestimmte Vorstellungen zu verflüssigen, statt sie zu verfestigen, heißt sich in Bewegung zu halten, flexibel zu sein und Strukturzwänge zu vermeiden. Gewisse Unklarheiten müssen ertragen werden. Es ist wichtig, immer wieder neue Modelle des Vorgehens zu entwickeln, um einen neuen Stand zu finden. Auch die Theorie der Selbstorganisation sei hier noch einmal erwähnt: Im Phasenübergang schwingt ein System einige Zeit hin und her.

# VISIONEN UND WEGE

Was ist zu tun? Ein Unternehmen muss sich, bevor es Veränderungen startet, damit beschäftigen, was es will. Was schafft im Unternehmen Befriedigung? Worauf sind wir stolz? Womit können wir uns identifizieren? Wie erträumen wir uns die Zukunft? Was hat in der Zukunft Bestand und Wert? Welches Bild haben wir von uns und wollen wir in der Zukunft haben? Wie wollen wir gesehen werden? So sind Visionen nie Leitlinien oder Vorgaben, sie werden mit unseren inneren Werten beurteilt und emotional bejaht oder verneint. Sie ziehen uns in ihren Bann, ohne dass Anweisungen und Kontrollen nötig wären. Sie geben den Rahmen für Veränderungen und Zukunftsorientierung. Sie sind unternehmerische Träume von der Zukunft, Vorstellungen ins Ungewisse, Wagnis und Risiko, Mut und Ausdauer und lösen manchmal auch kopfschüttelndes Unverständnis von Außenstehenden aus.

Wenn ein Unternehmen sich die Mühe macht, eine Vision zu finden, und dies nicht mit Marketingstrategie verwechselt wird, dann muss die Führung die Mitarbeiter mit einbeziehen. Um eine Vision zu finden und reifen zu lassen, benötigt das Unternehmen Ausdauer, die dem Unternehmen oder der Organisation gemäß ist. Das lässt sich leider nicht so einfach „durchziehen", es wird nicht im ersten Meeting möglich, dafür sollten Zeit und gute Stimmung zur Verfügung stehen. Es braucht keine Jahre, es genügen Wochen und Monate. In der Vision verbergen sich auch die Werte eines Unternehmens, emotionale Bindeglieder für manchmal sehr verschiedene Menschen und Interessen. Es lohnt sich, diese Zeit zu investieren, denn ist eine Vision gefunden, dann sind die Ziele und das Vorgehen als konsequente Folge sofort ableitbar. Sie ergeben sich quasi aus der gefundenen Vision. Eine Vision kann sich nicht in einem theoretischen Satz entfalten, sollte positiv formuliert sein und eine Aufforderung spüren lassen, die jeder empfinden kann und die sein Handeln bestimmt. An die Zukunft des Unternehmens zu glauben und andere dafür zu begeistern und zum Ausdruck zu bringen ist die Aufgabe des Managements. Es ist keine Aufgabe, die man einmal macht, sondern die immer wieder erneuert und belebt werden muss. Sie kann nur von einem Management geleistet werden, das sich mit dem Unternehmen stark identifiziert, das in die Zukunft schaut, das auf das gemeinschaftliche Handeln des ganzen Unternehmens ausgerichtet ist und nicht nur an eigenen Interessen arbeitet.

# WODURCH WERDEN ZIELE ERREICHBAR?

Viele Ziele in Unternehmen sind manchmal vorgegeben, deutlich und klar definiert, manchmal nicht wirklich ausgesprochen, eher intuitiv erkennbar oder diffus und widersprüchlich. Manchmal versteht jeder etwas anderes. Ziele ordnen sich zwischen Beschränkung und Komplexität. Sie sollten im Verlauf von Raum und Zeit dynamisch ausgerichtet sein. Schon ihre Festlegung muss einen Prozess und kein Gesetz vorsehen, damit multiple Einflüsse, die in einem offenen Prozess normal sind, Anpassungen bei auftretenden Veränderungen erlauben. Ein Ziel muss konkret, klar und erreichbar sein. Je genauer das Ziel benannt ist, umso genauer kann man zu jedem aktuellen Zustand den Standpunkt orten und mittels Feedback die nächsten Schritte planen oder das Ziel variieren.

Die Ziele des Unternehmens bestimmen die Qualität der Produkte, die Leistung, die geleistete Arbeit, das Zufriedensein der Kunden und Mitarbeiter und die Stellung am Markt. Strategien organisieren das Erreichen der Ziele, sie beschreiben den Weg, legen die Regeln der Vorgehensweise fest und bestimmen die konkreten Operationen. *Gleich den Seglern, deren Spaß und Lust es ist zu segeln, die ihr Ziel unter Berücksichtigung von Wetter, Strömung, Boot und Mannschaft navigierend finden.*

63

# WIE KANN MAN MITARBEITER AN NOTWENDIGEN VERÄNDERUNGEN BETEILIGEN?

## ▓ Veränderung als kreativer Prozess

Gibt es einen Unterschied zwischen Planen und Entwickeln? Architekten entwerfen ein Haus. Die Ideen, die Berechnung, die Materialien sind festlegbar; Architekt, Handwerker und Bauherr können am Ende ein Haus erwarten, das am Anfang geplant wurde. Die künstlerische Leistung liegt nicht im Bauen selbst, sondern in der Phase, wenn um Form, Stil, Funktion und Kosten gerungen wird, wenn Bauherr und Architekt ihre Vorstellungen zusammenbringen und etwas Gemeinsames entstehen lassen. In der Phase der Durchführung jedoch wird nach Plan gehandelt. Ganz anders in offenen Systemen, die ihre Struktur durch ständige Anpassung erreichen, zum Beispiel bei der Gestaltung eines Gartens, bei der Erziehung von Kindern oder bei der Veränderung von Unternehmen. Hier gibt es eine intuitive Gewissheit. Es geht nicht nach starren Plänen, sondern um Gestalten und Anpassen an eine sich immer wieder verändernde Umwelt.

Der Unterschied zwischen Planen und Entwickeln ist das Kontinuum zwischen stabil und dynamisch, einfach und komplex.

**Notizbox:**

**Menschliche Veränderungen sind Biotope**

Wer ein Biotop anlegt, kennt den Grundriss und die Bedingungen, er wählt die Pflanzen aus und legt die Strukturen fest für Vielfalt und Entwicklung, für Gleichgewicht und Wachstum, für Vergehen und Neubeginn. Es wird manches aufgehen, was nie gepflanzt wurde, denn der Wind hat es vorbeigetragen. Manches, obwohl erwartet, geht nicht auf. Was am Anfang wie eine zerklüftete Landschaft wirkt, ist zwei Jahre später ein Ort der Vielfalt und der Ordnung, aber immer im Wandel.

## Was gehört zum kreativen Arbeiten?

Kreativität ist die Suche nach Optionen, die eine Auswahl erlaubt, eine bessere und originellere Lösung findet, andere Lösungsmöglichkeiten selektiert und verwirft; sie ist die Veränderung und das Gegenteil von Strukturzwang. Welche Bedingungen erschaffen eine Umgebung für Kreativität? Sicherlich sind es Engpässe, die eine Veränderung unumgänglich machen oder einen Neubeginn, der nach Strukturen verlangt. Bildlich gesehen erkennt man einen Engpass an der „einspurigen Verkehrsführung", unterschiedliche Wege werden nicht mehr sichtbar, Optionen nicht wahrgenommen, der Stress nimmt zu. An diesen Stellen wird auf erprobte und generalisierte Verhaltensweisen zurückgegriffen. Um das aktuelle Gleichgewicht zu erhalten, erhöht man bei auftretenden Problemen lieber die Intensität, als sich für ein anderes Vorgehen zu entscheiden. Es läuft sehr oft nach der Regel „mehr desselben". Das natürliche Phänomen der Neugierde und des Interesses scheint ausgeschaltet. Es wird gesichert auf der Erfahrung alter Verhaltensweisen, anstatt die Herausforderung anzunehmen und etwas Neues zu wagen. Wie kommt es zu diesem Phänomen, was muss gegeben sein, damit die natürliche Neugierde, Entdeckungsfreude und die Suche nach besseren Lösungen zum Zuge kommt?

Die meisten Probleme sind seit langem bekannt. Doch es kommt zu keinem kreativen Prozess, obwohl unterschiedlichste Lösungsansätze bereits ausprobiert wurden. Weshalb versucht man bei Veränderungen die Struktur zu erhalten und Chaos zu vermeiden? Das hat einen sehr wichtigen Grund: die Veränderung des Problems würde andere, weitreichendere oder unüberschaubare Veränderungen nach sich ziehen. Man sucht nach Möglichkeiten, etwas einzuführen, ohne dabei die bisherige Struktur und Zuständigkeiten zu verletzen. Im Unternehmen ist man sich klar darüber, dass durch eine Veränderung eine Lawine angetreten würde, die letztlich die Neuausrichtung bedeuten kann. Der Zwang zur Erhaltung der bisherigen Strukturen bindet die neuen Ideen und Innovationen, gleichzeitig steigt auch die Schuld, keine passenden Lösungen gefunden zu haben. Diese Schuld und eventuelle Unfähigkeit wird durch Glaubenssprüche verdeckt: „war schon immer so", „... haben wir schon alles versucht". „Wir sollten uns auf unsere alten Stärken besinnen", „Was uns fehlt, ist Selbstbewusstsein". So wachsen Bürokratien mit einem Dschungel an Vorschriften, erreichen gute Leute die Endstufen ihrer Kompetenz und spüren die Überforderung, ohne sie zuzugeben. Prinzipienreiter schaffen friedhofsähnliche Ordnung, wo Vertikutieren überlebensnotwendig wäre.

65

Der Neubeginn bedeutet ein neues, unerforschtes Gebiet. Es zeichnet sich dadurch aus, dass keine oder nur wenige Strukturen, Anweisungen, Regeln über das Vorgehen vorhanden sind. Das Unbekannte wird durch Bekanntes ersetzt. Nichtübereinstimmungen werden eliminiert. Um an diesen Stellen kreative Entwicklungen zu ermöglichen, sind Manager gefragt, die ein vitales Interesse an Fragestellungen und Neugierde gewährleisten sowie ein gewisses Maß an Radikalität, statt nur Verständnis und Beschwichtigung zu zeigen. Dort, wo der Fluss der Gedanken und des Diskussionsprozesses nicht gestoppt und nicht gefiltert wird, können auch zunächst absurde Ideen weiterhelfen, neue Standpunkte einzunehmen. Daraus ergibt sich eine neue Sicht auf Probleme. Wo Zufallsfaktoren eingeplant sind, ist die Vorbereitung auf Veränderung geleistet. Unser Zeitalter ist im höchsten Maße von Strukturwandel geprägt. Im Gegenzug schalten die meisten auf Erhaltung, wo die Einstellung zum Wandel nötig wäre und nur die sich weiterentwickeln können, die mit Komplexität umgehen können.

## Verhinderung von Kreativität

Durch Struktur und Musterbildung ergeben sich viele Möglichkeiten, natürliche Neugierde, Forschergeist und kreative Lösungen im Keim zu ersticken. Neue Ideen werden von vornherein durch Sanktionen zerstört. Auch kann die Problemstellung so angelegt sein, dass nur eine Lösung vom System vorgesehen ist. Kontraproduktiv ist ebenfalls der Aufbau polarer Strukturen wie „richtig/falsch", „gut/böse", „gesund/krank" oder „aktiv/passiv" sowie zu viel Erfahrung, Routine und Wissen über die Sache, die häufig ein und dasselbe Ergebnis produziert: „Das geht nicht." Bestimmte Spielregeln erleichtern das Festhalten an lieb gewonnenen Erklärungen:

1. Blockieren der Wahrnehmung: Probleme werden zu eng oder unter immer demselben Blickwinkel betrachtet, sodass man über den gesteckten Rahmen nicht hinausschauen und keine neuen Ideen entwickeln kann.
2. Aufbauen sozialer Hindernisse: Aus Angst vor den Reaktionen der Kolleginnen und Kollegen filtert man seine Aussagen. Man hat Angst, verlacht oder abgewertet zu werden. In vielen Unternehmen wird so sehr in Richtung eines normierten Denkens trainiert, bis man sich selbst kaum noch der aufkeimenden Idee bewusst wird. Gedanken werden gefiltert und beurteilt, statt Ideen zu produzieren. Auch kritische und abwertende Mitarbeiterinnen, Mitarbeiter und Vorgesetzte wirken sich entsprechend negativ aus.

3. Hochhalten gesellschaftlicher Normierungen: Aussagen wie *„Das macht man nicht"* oder *„Davon verstehen Sie nichts"* oder *„Das machen wir schon immer so"*, begrenzen den Spiel- und Handlungsraum entscheidend, sodass viele Möglichkeiten außerhalb des persönlichen Zugriffs liegen.

4. Entwickeln physikalischer Einschränkungen: Hier sind Blockaden durch die konkreten physikalischen Bedingungen in der Umgebung gemeint, wie ein zu enger Raum, zu wenig Sauerstoff, trüber oder verstellter Ausblick. Auch körperliche Einschränkungen durch zu wenig Bewegung, schlechte Verpflegung, Dauerstress statt Wechsel von Spannung und Entspannung sind darunter zu fassen.

## ■ Was fördert kreatives Arbeiten?

Veränderung kann verstanden werden als etwas Neues zu erfahren und Neues auszuprobieren. Es müssen Experimente möglich sein, die Versuch und Irrtum erlauben. Die genannten polaren Strukturen sollten durch Transaktionsmuster ersetzt werden, die durch Kriterien wie „besser – schlechter" beschreibbar sind, damit in Feedback-Schleifen andere Wege und Verhaltensweisen gefunden werden. Diesen Prozess zu sehen, ist die vornehmste Aufgabe des Managements. Kreativität ist unbequem und nicht berechenbar, sie lebt von der Imagination, der Assoziation, den Analogien und den Einfällen.

Man kann annehmen, dass überall dort, wo routinemäßiges Alltagsdenken und banale Aneinanderreihung von vertrauten Vorgängen ausreicht, Kreativität nicht gefragt ist. Auf einer höheren Ebene strebt jede Ordnung auf ein Chaos zu, wie wir aus der Chaostheorie wissen. Das Bemühen, eine bestehende Ordnung zu erhalten, ist damit der bewusste Eingriff in die Veränderung. Die Wahrnehmung zu schärfen, Blicke auf Ungewöhnliches zu richten und Abweichungen vom Erwarteten herauszufinden, das sind die wichtigsten Voraussetzungen, um Kreativität zu fördern.

Jede auch nur teilweise Übereinstimmung eines alten Musters mit einer neuen Situation macht grundsätzlich eine Modifikation erforderlich. Damit ist jeder Mensch in der Lage, immer wieder Neues hervorzubringen, wenn es gelingt, neue Strukturbildungen vorzunehmen, ausgetretene Wege zu verlassen und Unerwartetes zu beginnen.

Wer verändert, braucht auch die Verantwortung für den Veränderungsprozess. So stellt sich häufig die Frage: Wer ist für die Veränderung zuständig, wer ist oder fühlt sich verantwortlich, wer sitzt mit wem im Boot? Traditionelle Konzepte ermitteln durch umfangreiche Ist-Analysen die Abläufe, die Stärken und die Schwachstellen und wollen ungenutzte Potenziale aufzeigen. Die Analyse wird entweder von Beratern oder Betroffenen durchgeführt und dem Management vorgestellt. Vorschläge werden unterbreitet. Von dort wird dann per Dekret der Prozess der Veränderung gestartet.

Die Vorschläge und konkrete Vorgehensweisen werden dann den betroffenen Abteilungen zur Durchführung zurückgegeben. Dadurch sind Schnittstellen geschaffen, Verantwortung, Durchführung und Kontrolle auf mehrere Bereiche zergliedert. Betrachten wir das Zusammenspiel im innovativen Veränderungsprozess, so verstehen wir mehr und mehr, dass es sich um einen ko-kreativen Prozess handeln muss. Die Gedanken, die Ideen und das Handeln stimulieren die anderen und erschaffen im gemeinsamen Prozess das „Neue", das nicht gestückelt und zerlegt werden darf. Einige Berater bleiben neuerdings bis zur Implementierung. Ein risikoreiches Geschäft, denn sie werden auch an der Umsetzbarkeit ihrer Konzepte gemessen. Die praktische Umsetzung, die nicht nach der Theorie, sondern nach ihrem eigenen Prozess verläuft, lässt sie kleinlaut erkennen, dass ohne die Menschen im Unternehmen nichts zu machen ist. Die Mitarbeiter sind ein wesentlicher Aspekt des Gesamtprozesses, ohne den der Veränderungsprozess nicht gelingen kann.

Schon in der Startphase werden Informationen gewonnen, die zu Erkenntnissen führen und schon zu diesem frühen Zeitpunkt bereits Veränderungen bewirken könnten, würden sie sofort umgesetzt. Vielfach bleiben derartige Informationen ungenutzt, weil erst die Analyse abgewartet wird oder Betroffene und Verantwortliche nicht miteinbezogen werden und erst viel später via Geschäftsleitung Ergebnisse erfahren. Hier gibt es gefährliche Fallstricke, die viele Manager und Berater durch überzogenen Eifer, Überheblichkeit und falsche Sachkompetenz zu Fall bringen. Erkenntnisse werden nicht ausgeschöpft, wenn Berater oder „Veränderer" schon alles wissen, was sie zu finden glauben, was genau zu tun ist, was am Ende stehen soll. Ihre Ohren und Augen sind zu. Sie befassen sich mehr mit Vergangenem, wiederholen Erfahrungen, statt sich Innovation zu erlauben. Sie reproduzieren vergleichbare Erfahrungen, statt Optionen zur Verfügung zu stellen, und nehmen dabei aktuelle Einflüsse und Ereignisse nicht genügend wahr.

Lassen sie sich jedoch auf einen offenen Prozess ein, dann kommt es zu einem Wertschöpfungsprozess durch neue Information. In der gemeinsamen Arbeit (Ko-Kreation) wird sehr viel Begeisterung, Engagement und Einsatz spürbar sein. Die Aufbruchstimmung weht wie eine frische Brise durch das Unternehmen.

**Abb. 17** **Veränderungsprozesse in der Praxis**

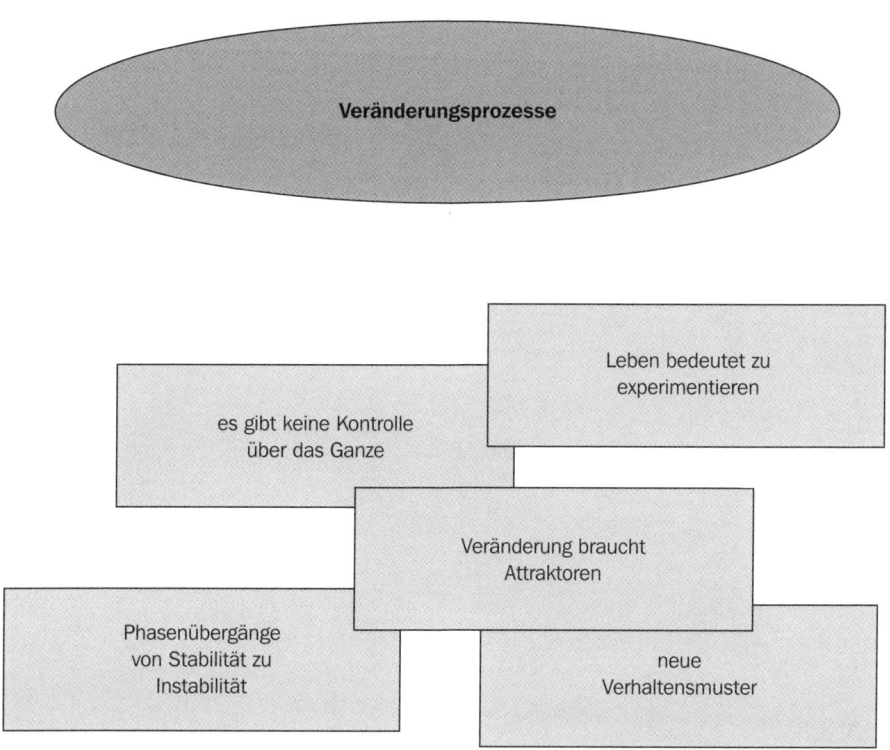

Sind Berater mit ins Geschehen eingebunden, sollten sie in der Phase der Umsetzung mit in die Verantwortung einbezogen sein. Im Unternehmen muss bekannt sein, welche Veränderungen nötig sind. Dies ist für die Motivation der Mitarbeiter zur Veränderung eine sehr wichtige Voraussetzung. Auch hier kommt es zu einer kritischen Phase.

Am Ende eines gelungenen Prozesses weiß man im Unternehmen ebenso viel wie der Berater. Ohne das Zusammenspiel und die Übernahme der Verantwortung für die Veränderung durch das Unternehmen und das Durchschreiten der kritischen Phase mit all ihren Irritationen und Turbulenzen kommt es – in den meisten Fällen – zu keiner tragfähigen Veränderung (siehe Abbildung 18). Die Erfahrungen und die Erkenntnisse sind ein gemeinsamer Wertschöpfungsprozess.

**Abb. 18**  Verantwortung und Kooperation im Veränderungsprozess

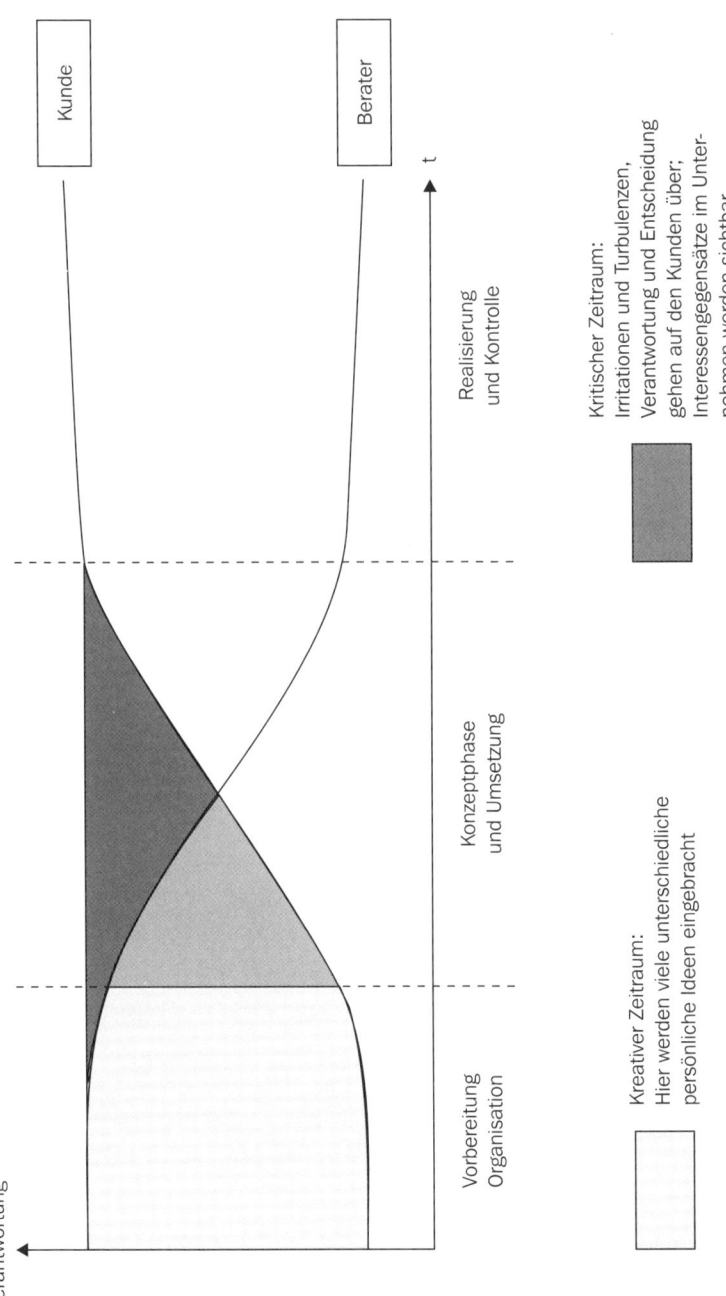

## ▨ Wie werden Mitarbeiter in den Veränderungsprozess einbezogen?

Veränderungen können nur wirksam werden, wenn sie die Mitarbeiter erreichen. Es genügt nicht, die Mitarbeiter von klugen Beschlüssen in Kenntnis zu setzen und zu erwarten, dass sie mit Begeisterung ans Werk gehen. Sie werden dann die Veränderung mittragen, mitvoranbringen, mitgestalten, wenn sie dazu die Einsicht haben, wenn sie verstehen, wenn sie Möglichkeiten der Mitgestaltung haben und es auch für sie von Nutzen ist. Mitarbeiterzufriedenheit geht eindeutig damit einher, dass Mitverantwortung für Prozess und Produkt eingeräumt wird. Dann aber sind Mitarbeiter leistungsbereit und übernehmen Verantwortung durch Selbstmotivation. Das Prinzip der Selbstorganisation wird wirksam. Es kommt darauf an, wie Struktur und Prozesse verändert werden sollen. Manchmal ist es nützlich, mehrere Wege gleichzeitig oder zeitlich versetzt zu beschreiten. *Jedoch ist ein Grundsatz zu erfüllen: Beteiligt werden sollte, wer an der Veränderung interessiert ist, wer betroffen ist, wer Verantwortung übernimmt, wer Wissen, Kompetenz und Ideen hat und last, but not least bereit ist, Zeit und Engagement zu investieren.*

Manager und Mitarbeiter, die die Anstrengung der Veränderung wagen, müssen mit Widerstand rechnen, denn sie laufen gegen eingefahrene Muster in der Zusammenarbeit. Selbst Mitarbeitervertreter tun sich oft schwer, neue Spielregeln zu erproben. Sie beharren auf erworbenen Rechten oder Pfründen, pflegen Freund-Feindbilder. Festgelegte Rollenzuweisungen sind Barrieren auf dem Weg zu neuen Ufern. Hier sind Geduld und Ausdauer nötig, aber auch Ehrlichkeit in den Aussagen und Zielen.

Welches Verhalten braucht ein Unternehmen im Veränderungsprozess?

- ◆ Einigung auf ein durchführbares Modell oder Konzept.
- ◆ Fortlaufende Entwicklung von Zielen, Strategien, Regeln und Operationen.
- ◆ Aktive Beteiligung des Managements.
- ◆ Bilden von verantwortlichen Teilsystemen, die in Teams regelmäßig und dicht zusammenarbeiten.
- ◆ Transparenz in der Vorgehensweise.
- ◆ Übereinstimmung in der Sprache und im Handeln.
- ◆ Gleiche Methoden und Regeln im Vorgehen.
- ◆ Fortlaufende Reflexion der Erfahrungen und Ziehen von Konsequenzen.
- ◆ Reflexion der Muster und Regeln in Beziehungen und Zusammenarbeit.

**Abb. 19**  Wie werden Mitarbeiter einbezogen?

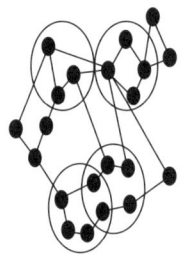

Simultanes Arbeiten
in prozessorientierten
Projekten

Gemeinsame
Lösungssuche

Regeln der
Beziehung

Prozess- und
Projektautonomie
und -verantwortung

Zusammenarbeit und
Entwickeln neuer
Ideen quer zur
Funktion und Hierarchie

Kontextanalyse und
Kundenorientierung

Gestalten der
Beziehungen
untereinander und
zu Kunden und
Lieferanten

Mitarbeiterbefragung zu
den Mustern und Regeln
der Zusammenarbeit

Mitarbeitereinbeziehung
in allen Geschäfts-
bereichsebenen zu den
Herausforderungen des
Aufgabengebietes

Verantwortungs-
übernahme und
Beteiligung

Management erarbeitet
Visionen, Ziele und
Strategien

Abteilungen
erarbeiten ihrerseits
erfolgreiche Optionen
für Veränderungen zu
den Herausforderungen
des Aufgabengebietes

Begleiten der
Prozesse und
Managen der
Veränderung

Wie werden alle Mitarbeiter in den Veränderungsprozess einbezogen?

Die Begründungen, wie sich Verhaltensänderungen bei Mitarbeitern erreichen lassen, sind ähnlich wie das Einbeziehen von Mitarbeitern in den Veränderungsprozess. Wer die Aufgabe und das Ziel nicht kennt, weiß auch nicht, wie er sich geschickt verhält.

Fehlen wesentliche Personen, die Verantwortung für den Prozess tragen oder die Kompetenz haben, Lösungen zu finden und das Neue zu gestalten, dann sind die Ressourcen viel zu schwach. Da Menschen unterschiedlich bewerten, auf verschiedene Art Betrachtungen anstellen und Lösungsstrategien wählen, ist soziale Kompetenz das A und O bei Verhaltensänderungen.

# KAPITEL 4

# Unternehmens-
# veränderung als Prozess

## VORGEHEN IN DER PRAXIS

Für erfolgreiche Veränderungen sind überzeugte Menschen mit guten Ideen nötig. Sie brauchen umsetzbare Konzepte, erprobte Techniken und Methoden. Sie müssen die Vorgehensweisen planen und Informationen austauschen, vielfältig kooperieren, schließlich Entscheidungen treffen und letztlich die Veränderung erreichen.

Zunächst wollen wir uns den Aspekten der systemischen Unternehmensstrategie widmen, um dann konkrete Schritte zu diskutieren, die den Veränderungsprozess anstoßen und begleiten. Danach wollen wir uns mit Tools zur sozialen Kompetenz beschäftigen. Um einen Dialog im Interview zu erreichen, werden dann Fragetechniken für weiche Daten vorgestellt, und es wird besprochen, wie durch das Erkennen von Transaktionsmustern in Beziehungen das Unternehmen in einem mehrdimensionalen Bild erfasst werden kann. Dieser Weg führt zu Teamkooperation und Konfliktmanagement und den Unterschieden von Gruppe und Team. Es werden wichtige Teamregeln erklärt. Mit Teamarbeit allein ist es nicht getan. Die prozessorientierte Projektorganisation bietet hervorragende Möglichkeiten und stellt zugleich an Unternehmen und Teams besondere Herausforderungen. Deshalb ist es wichtig, Fakten, Strukturen, Regeln, Beziehungen und Erfolgsfaktoren für Projektmanagement zu kennen. Danach wenden wir uns der Mitarbeiterbefragung zu. Wenn es ausschließlich auf Verhaltensveränderungen ankommt, ist es nötig, einen Ausstieg aus Mustern zu kennen. Abschließend wird die Entwicklung der Fähigkeiten beschrieben, die Manager in einer veränderten Unternehmenskultur benötigen.

# NOTWENDIGE VORAUSSETZUNGEN

1. Integrative Prozesse brauchen Entschiedenheit in der Unternehmensführung, ein hohes Engagement der Mitarbeiter, ein durchführbares Konzept und sachkundige Begleitung.
2. Visionen müssen entwickelt, konkrete Ziele benannt werden, passende Strategien sind zu finden, Regeln, die konkrete Operationen ermöglichen, müssen festgelegt werden.
3. Es gilt, Teilergebnisse in Feedback-Schleifen zu analysieren und zu bewerten, mit Konsequenzen für die Ziele.
4. Neue Verhaltensweisen müssen trainiert werden, damit effektiver und lustvoller zusammengearbeitet werden kann.
5. Virtuelle Teams (vgl. Savage, 1990) werden gebildet, die mit Interesse und Neugierde Lösungen zu neuen Fragestellungen und unternehmerischen Anforderungen suchen. Daraus entwickelt sich kreatives Verhalten.
6. Erfahrene und kreative Berater entwickeln Konzepte, die helfen, aus Erfahrungen zu lernen und Krisen zu bewältigen.
7. Veränderung braucht Zeit, Raum, gute Kooperation und Zuversicht.

In Abbildung 20 sind die möglichen Programme zur Veränderung verschiedener Teilaspekte im Unternehmen zugeordnet, erfasst und miteinander in Beziehung gesetzt. Sehr häufig kommen Manager oder Managementberater auf die Idee, bestimmte Teile mehr zu beachten oder andere ganz zu übersehen.

Jedoch gilt der Grundsatz: Jedes Teil verändert die anderen. Bestimmte Teile nicht zu beachten heißt deshalb auch, dass sie außerhalb der Strategie und der möglichen Einflussnahme und Kontrolle liegen und damit jederzeit unerwartete Störungen verursachen können. Management systemischer Unternehmensstrategie ist kein organisiertes und geordnetes Spiel mit festen Regeln. Es ist der Umgang mit den Wahrscheinlichkeiten, den Trends und dem Zufall. Es erfordert Wissen über Chaos und Ordnung, Anpassungsfähigkeit und Vorausdenken.

**Abb. 20**   Systemische Unternehmensstrategie

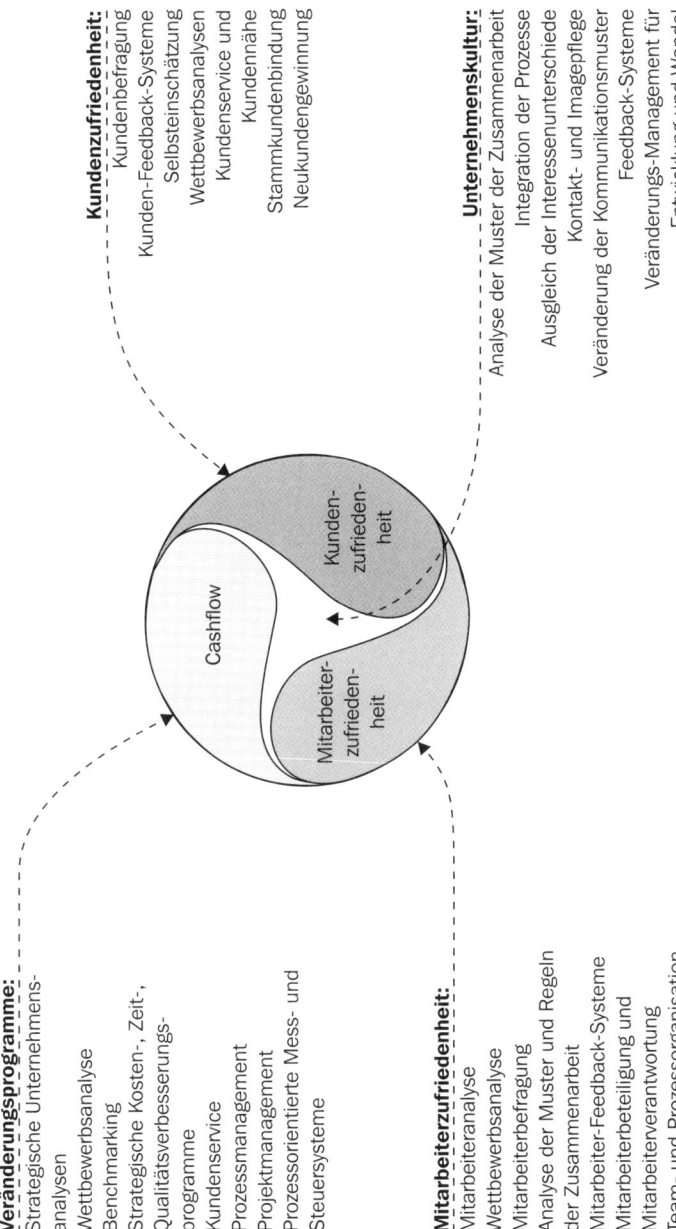

**Kundenzufriedenheit:**
Kundenbefragung
Kunden-Feedback-Systeme
Selbsteinschätzung
Wettbewerbsanalysen
Kundenservice und
Kundennähe
Stammkundenbindung
Neukundengewinnung

**Unternehmenskultur:**
Analyse der Muster der Zusammenarbeit
Integration der Prozesse
Ausgleich der Interessenunterschiede
Kontakt- und Imagepflege
Veränderung der Kommunikationsmuster
Feedback-Systeme
Veränderungs-Management für
Entwicklung und Wandel
Entwickeln und Leben von
Unternehmenswerten

**Veränderungsprogramme:**
Strategische Unternehmens-
analysen
Wettbewerbsanalyse
Benchmarking
Strategische Kosten-, Zeit-,
Qualitätsverbesserungs-
programme
Kundenservice
Prozessmanagement
Projektmanagement
Prozessorientierte Mess- und
Steuersysteme

**Mitarbeiterzufriedenheit:**
Mitarbeiteranalyse
Wettbewerbsanalyse
Mitarbeiterbefragung
Analyse der Muster und Regeln
der Zusammenarbeit
Mitarbeiter-Feedback-Systeme
Mitarbeiterbeteiligung und
Mitarbeiterverantwortung
Team- und Prozessorganisation
Personalentwicklung
Zeitliche und finanzielle Anreizsysteme

> **D**eshalb gilt folgende Regel: Beachten Sie immer die Auswirkungen von Teilaspekten auf das Ganze.

# *E*INBEZIEHEN DER MITARBEITER

**Phase 1 – von oben nach unten:**

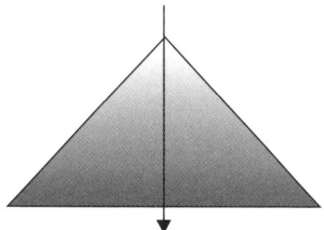

Das Management nimmt sich die Zeit, über die Zukunft des Unternehmens nachzudenken und eine vorläufige Vision zu finden, Herausforderungen zu definieren und Ziele des Unternehmens zu benennen. Erste Vorgehensweisen für den Veränderungsprozess können erarbeitet werden. Zunächst muss Klarheit darüber bestehen, wo die wichtigsten Veränderungen vorgenommen und welche Ziele anvisiert werden sollen. Welche Bereiche sind zu beteiligen und wer übernimmt die Verantwortung für den Prozess? Es sollten jene Mitarbeiter eingebunden werden, die an der Veränderung ernsthaft interessiert sind und auch die nötige Kompetenz haben. Wer nur kraft Amtes dabei sitzt, kontrolliert und explodiert mehr, als dass er verändern will.

Manche Manager beteiligen sich aktiv an Veränderungsprozessen und wir finden sie an führender Stelle in Veränderungsprojekten. Gleichzeitig teilen sie aber mit, dass sie alles für Unsinn und Geldverschwendung halten. Ihre Doppelbotschaft jedoch, zum gleichen Zeitpunkt zwei sich gegenseitig ausschließende Aussagen, führen zu erheblichen Irritationen und stellen den Erfolg infrage. Die Kollegen im Management glauben, er wird schon mitmachen, seine Einstellung wird sich schon noch ändern, und atmen auf. Die Mitarbeiter im Projekt zeigen andere Symptome, sagen zum Beispiel kurzfristig Termine ab, nehmen mit fadenscheinigen Ausreden an Besprechungen nicht teil. Der Prozess gerät ins Stocken, es kommt zu unterschiedlichsten Erklärungen und Schuldzuweisungen. Jetzt zeigt sich der indirekte Widerstand, die mangelnde Überzeugungskraft und Eindeutigkeit im Management, die die Mitarbeiter daran hindert, Hürden zu nehmen und die Veränderung voranzubringen. Hier hilft nur eine Regel: Wer nicht überzeugt ist, sollte andere nicht aufhalten und sich nicht aktiv am Veränderungsprozess beteiligen.

**Phase 2 – von unten nach oben:**

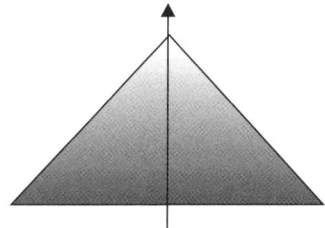

Die Mitarbeiter werden frühstmöglich in den Prozess einbezogen, befragt, beteiligt und übernehmen Mitverantwortung für den Prozess. Wird zu lange mit der Mitarbeiterbeteiligung gezögert, entstehen Gerüchte, Kritik, Ängste und Widerstände. In der Praxis zeigt sich immer wieder, wie groß die Verantwortung und das Engagement der Mitarbeiter ist, sich für die Zukunft des Unternehmens einzusetzen, unabhängig von der Stellung in der Hierarchie. Durch die Beteiligung wird das große Potenzial der Mitarbeiter für gute Ideen, schnelle und griffige Veränderungen genutzt, die auch zum Erreichen der kurzfristigen Ziele von größter Wichtigkeit sind. An dieser Stelle wird der Grundstein für das Verständnis für Lösungen und das Vertrauen in die Glaubwürdigkeit gelegt. Es geht darum, Vorgehensweisen pragmatisch, effizient, kooperativ und direkt zu gestalten. Alle beteiligen zu wollen ist ein falsch verstandener Gleichheitsgrundsatz, der häufig wie Nötigung empfunden wird. Dadurch schleppt man einige mit, die „erst mal abwarten wollen" oder überhaupt nicht überzeugt sind und offen oder verdeckt rebellieren. Auch hier muss es darum gehen, diejenigen zu beteiligen, die sich aktiv einsetzen wollen. Der Gefahr der „Clubbildung der Aktiven" kann durch

Information, Transparenz und Offenheit gegenüber „Neuem" leicht begegnet werden. Muss jedoch mit angezogener Bremse gefahren werden, ist ein gutes Vorankommen unmöglich. Wenn Mitarbeiter spüren, dass das Management überzeugt ist und sich einsetzt, Ausdauer zeigt und klare Botschaften gibt, dann wird die Gruppe derer, die sich beteiligen wollen, immer größer.

**Phase 3 – quer zur Hierarchie:**

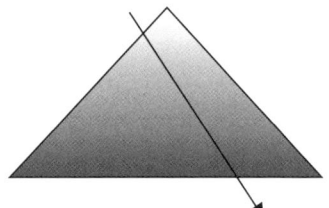

Zusammenarbeit quer zur Funktion und Hierarchie. Für Analysen oder die Entwicklung neuer Ideen, sei es sie betreffen den Unternehmenskontext, den Markt, den Wettbewerber, die Kunden, die Lieferanten oder die Zusammenarbeit der Mitarbeiter, sind Teams besonders gut geeignet. Durch eine „Quer-zur-Hierarchie-Besetzung" werden mit geringem Aufwand Informationsvielfalt erreicht und Netzwerke geschaffen. Der unterschiedliche Beobachtungsstandpunkt kann zu einer ganzheitlichen Perspektive führen, sodass die vielfältigsten Interessen wahrgenommen werden können. Der Informationsfluss hat hier mehrere Richtungen. Es werden nicht nur Informationen für Veränderungen eingeholt, sondern auch Rückkopplungen gegeben und Lernschleifen erreicht, die oft sofortige Konsequenzen nach sich ziehen. Gute Gedanken bleiben nicht auf einer Ebene hängen, sondern werden weit durch das Unternehmen transportiert. Kurze Wege und damit schneller Transport von wichtigen Informationen sind meist Ausdruck von guten Beziehungen. Nirgendwo sonst werden Hierarchien von Funktionen, Fachkompetenz, Unternehmenszugehörigkeit und Grenzen zwischen Bereichen und Abteilungen so wirkungsvoll abgebaut und nützlich verändert wie in diesen Teams.

## Phase 4 – Prozessorientierte Projektarbeit:

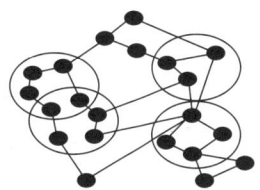

Projekte, die prozess- und zielorientiert ausgerichtet sind, brauchen Kompetenzen und interessierte Projektmitarbeiter, um große Veränderungen zu erreichen.
Es müssen horizontale Barrieren überwunden werden (Funktion, Standort, Organisation). Vertikale Hierarchieebenen und Schranken müssen nach außen zu
Kunden, Lieferanten und Kooperationspartnern aufgehoben werden. In der
Zusammenarbeit können kreative und oftmals schnelle, erfolgreiche Lösungen
gemeinsam gefunden werden. Die Unterschiedlichkeit der Teilnehmer gewährleistet ein gegenseitiges Stimulieren. Daraus entwickelt sich eine gemeinsame
Kraft im Denken und im Handeln. Synergie bedeutet nicht nur den Austausch
von Wissen. Es sind die Beziehungen, die Vernetzung zustande bringen. So entwickeln sich für unterschiedliche Probleme nicht nur gleiche Lösungen und es
entstehen nicht nur Kopien. Damit wird das Verfahren wesentlich verbessert und
Wissen wächst. Im persönlichen Kontakt lassen sich Beziehungen regeln und
neu gestalten, Konflikte bereinigen, Vorurteile abbauen. Unabdingbar für eine
erfolgreiche Arbeit ist die Eigenverantwortlichkeit der Teams für den Prozess
und das Projekt. Rahmenbedingungen können festgelegt werden, Verantwortung
für Prozess und Ergebnis liegt bei den Teams.

# *H*ANDWERKSZEUG UND VORGEHENSWEISEN

Beim Veränderungsmanagement richtet sich der Blick oft nur auf technische und wirtschaftliche Daten und Strukturen. Diese können am leichtesten erfasst, gemessen und bewertet werden, sie liefern „harte Fakten" und ermöglichen Steuerung. Ohne diese harten Fakten geht es nicht, jedoch scheitern Veränderungsprozesse an den weichen Realitäten, die ungeordnet Prozesse mitsteuern und beeinflussen. Weiche Realitäten sind subjektive Beurteilungen, die vom Ermessen und den Wirklichkeitskonstruktionen einzelner abhängig sind. Sie werden oft wie Wahrheiten behandelt und gegeneinander eingesetzt.

Hier gibt es Handlungsbedarf. Was ist also zu tun? Wir kennen Organisationsanalysen, Führungsanalysen, Wettbewerbsanalysen, Kundenzufriedenheitsanalysen, Mitarbeiteranalysen und Selbsteinschätzungen. Was wir zusätzlich brauchen, ist die Fertigkeit, weiche Daten zu erfassen und zu verarbeiten.

Woran können wir nach Sammlung der Informationen und Erhebung der Daten erkennen, ob das Wesentliche erfasst wurde?

◆ Zusammenhänge dürfen nicht in Teile zergliedert werden.
◆ Aus sehr unterschiedlichen Beobachtungspositionen müssen die Aspekte in ihren Zusammenhang gebracht werden.

Systemisches Vorgehen heißt beschreiben, in welcher Weise Subsysteme miteinander transagieren. Es ist zu entscheiden, wo die Grenze der Betrachtung liegen soll und ob alle wesentlichen Einflussgrößen beachtet worden sind. Es ist zu prüfen, wie Gewinn, Kunden und Mitarbeiter als Zeichen der Unternehmenskultur im Verhältnis zueinander stehen. Jedes Programm, jede Analyse, jedes Vorgehen, das andere wichtige Bereiche unberücksichtigt lässt oder nur streift, wird früher oder später an der Wichtigkeit der anderen scheitern. Erst diese Erkenntnis zwingt uns zur durchgängigen systemischen Betrachtung. Um diese komplexe Aufgabe zu erfüllen und um das Vorgehen zu vereinfachen, sind Teams zu bilden, die in der Lage sind, strategische Unternehmensanalysen vorzunehmen. Es muss deutlich werden, wie Prozesse der permanenten Verbesserungen gesteuert werden, welche Feedback-Systeme Kundenzufriedenheit erfassen, wie die Befähigung und Beteiligung der Mitarbeiter entwickelt wird. Alle Ergebnisse und das Zusammenspiel des Geschehens sind in die Betrachtung einzubeziehen.

Dementsprechend müssen die Teams interdisziplinär zusammengesetzt sein. Die vermeintliche Omnipotenz von Managern, Managementberatern und anderen Spezialisten ist erschreckend. Noch immer gilt es als kompetent, wenn wenige Personen alles zu verstehen und zu wissen glauben, statt die unterschiedlichen Fähigkeiten der Mitarbeiter und Positionen zu nutzen. Es ist von größter Bedeutung, dass hier auch Vorurteile und Grenzen der Berufsgruppen, zum Beispiel zu den Sozialwissenschaften, überwunden werden. Ein grundsätzliches Verständnis für systemische Vorgänge und Veränderungsprozesse ist notwendig. Es geht nicht darum, „soziale Klempnerei" zu betreiben, sondern um die Vernetzung und Zusammenarbeit. Selbst in kleinen Unternehmen sollte es bedenklich stimmen, wenn der Chef alles weiß und seine Mitarbeiter nur folgen.

## ▨ Das Handwerk der sozialen Kompetenz

Beziehungen werden nach Regeln gestaltet, die man im Laufe seines Lebens erlernt und sich angeeignet hat. Allgemeine Trainings in Führungsverhalten, Motivation und Kommunikation versuchen Führungskräfte und Mitarbeiter in sozialem Verhalten voranzubringen. Unzählige Fachbücher, Kassetten und Zeitschriften widmen sich ebenso diesem Thema, denn soziale Kompetenz gilt als Grundvoraussetzung für die intensive Erschließung mentaler Ressourcen bei den Mitarbeitern. Sie schafft den optimalen Erfolg bei Kunden und gestaltet gute Beziehungen. Die Fähigkeit zur sozialen Kompetenz lässt Menschen Verantwortung übernehmen und ihre Zufriedenheit wachsen.

Voraussetzung für den Erfolg allerdings ist, dass Führungskräfte zu ihren Aussagen stehen und sie vorleben. Viele Trainings verklären ihre einseitigen Programme durch Mystik und Tricks. Aktuelle Moden werden teuer verkauft. Sie suggerieren oft die einseitige Einflussnahme auf Menschen und lassen uns glauben, man könnte andere manipulieren.

In der Praxis reagieren die Betroffenen zu Recht ärgerlich auf derartige Techniken, denn niemand möchte manipuliert werden. Die Konsequenzen sind meist Beziehungsabbruch und Misstrauen. Voraussetzung für Veränderung, die auch schmerzhaft erlebt werden kann, ist der ehrliche Kontakt und kongruente Austausch in Beziehungen. Bei Untersuchungen erfolgreicher Therapeuten, deren Kerngeschäft die soziale Kompetenz ist, hat sich gezeigt, dass weniger das technische Vorgehen über den Erfolg entscheidet als die Persönlichkeit. Die Fähigkeit zur direkten Kontaktaufnahme und Verständigung und die Qualität der Begegnung zeichnet ihr besonderes Verhalten aus.

Die Bedeutung von sozialer Kompetenz für das Unternehmen würde grundsätzlich niemand in Abrede stellen. Trotzdem bleibt sie eines der Stiefkinder in der kontinuierlichen Fortbildung und persönlichen Weiterentwicklung. Der Grund dafür ist, dass soziale Kompetenz für die Karriereentwicklung als weniger wichtig erachtet wird und sich weniger auszahlt als Fachkompetenzen. Es gibt einige Vorurteile über soziale Kompetenz, die dies zusätzlich verstärken:

1. Soziale Kompetenz bekommt man in die Wiege gelegt.
   Im Gegenteil: Wir lernen soziales Verhalten in der Familie, in der Schule mit ihrer ganzen Vielfalt an Spielregeln, im Umfeld, in der Freizeit, mit Freunden und Gegnern, durch Kooperation und in Auseinandersetzungen. Was wir weniger tun, ist unser Verhalten in Beziehungen zu reflektieren, nach Alternativen zu suchen und uns dadurch zu verbessern. Deshalb ist soziales Verhalten soziales Lernen, worin wir immer besser werden können.

2. Soziale Kompetenz heißt: mit dem Bauch entscheiden!
   Das Gegenteil trifft zu: Es ist die alte Teilung des Menschen in Denken und Fühlen. Rein rational oder ganz gefühlsmäßig zu handeln hängt davon ab, welcher Kultur wir angehören oder was gerade Wert hat. Nur rational zu sein ist oft kalt und mechanisch, nur gefühlsmäßig ohne Planung und Vorhersagbarkeit zu handeln, ist mit Willkür verbunden. Diese Trennung sollten wir überwinden, sonst bleibt das Vorurteil, soziale Kompetenz habe nur mit Gefühlen zu tun. Viele Menschen hassen Beziehungsgespräche, weil sie sich im Gefühlsgestrüpp hilflos fühlen. Doch soziale Kompetenz hat damit zu tun, sich seiner Spielregeln bewusst zu werden, typische Fallen zu kennen und weitere zu erkennen.

3. Soziale Kompetenz ist etwas für Frauen und andere Gefühlsorientierte!
   Das ist richtig: Frauen lernen, sehr viel mehr in ihrer Sozialisation über Beziehungen zu sprechen und fühlen sich deshalb kompetenter als Männer. Auch Menschen mit einer starken Erlebnisfähigkeit werden sich mehr für Beziehungen interessieren und schon deshalb mehr darüber reden. Was man oft übt, kann man auch besser. Frauen übernehmen privat und in Unternehmen deshalb oft die „Zuständigkeit" für Beziehungen. Männer ziehen sich dann gerne auf „sachliche" Themen zurück. So kommt es zu einer Art Aufgabenteilung, wodurch beide Geschlechter verlieren. Frauen und Männer müssen lernen, die Spielregeln und ihren eigenen Beitrag am Geschehen nachzuvollziehen, auszutauschen und im Abstand dazu die Beziehung zu gestalten.

④ Soziale Kompetenz mag anderswo wichtig sein, aber nicht bei uns.
Es wird viel darüber geredet, aber wenig getan. Was für uns schwierig ist, schieben wir gerne auf. Das, worin wir uns stark fühlen, werden wir eher zum Gegenstand unseres Handelns machen. Wenn wir es wirklich ernst damit meinen, dass im Menschen das Kapital eines Unternehmens liegt, dann ist jede Verschiebung dieses Themas ein Verlust für das Unternehmen.

Soziale Kompetenz kann man jedoch lernen. Jede Sportart braucht Training, damit aus einem Anfänger ein Fortgeschrittener wird. Stellen wir uns vor, Manager würden, was ihre sozialen Kompetenzen betrifft, wie beim Golf mit einem „Handicap" ausgestattet sein. Es würde besagen, wie geschickt und erfolgreich sie sind, aber auch wie viel Training sie für das erfolgreiche Spiel aufwenden. Bestimmt würde sehr viel mehr Zeit in das soziale Managen investiert, da es sich auszahlen würde, nicht nur im direkten Erfolg, sondern auch im persönlichen Prestige. Um sozial kompetent zu sein, müssen wir drei Schlüsselkompetenzen entwickeln:

◆ Mehr über Kommunikation verstehen.
◆ Beziehungen als Dialog begreifen und danach handeln.
◆ Konflikte angemessen lösen können.

# ASPEKTE VON BEZIEHUNGEN

In der Gestaltung von Beziehungen sind ein paar Grundannahmen wichtig (vgl. Watzlawick, 1969):

① Es ist unmöglich, nicht zu kommunizieren.
Alles, was wir sagen, wie wir es sagen, wozu wir schweigen, was wir tun, was wir nicht tun, wirkt und gestaltet unsere Beziehungen. Welche Körpersprache wir benutzen oder mit welchem Ton oder Unterton wir etwas sagen, ist von Bedeutung. Alle Handlungen, die der Veränderung oder der Aufrechterhaltung eines Status quo dienen, sind zu beachten.
*Das können Sie tun:* Beobachten Sie sich gelegentlich aus einer Vogelperspektive, achten Sie auf die Reaktionen anderer, tauschen Sie sich über Ihre Beziehungen aus.

**2.** Es gibt zwei Wirkungsebenen.

In jeder Kommunikation gibt es einen Inhalts- und einen Beziehungsaspekt. Viele Einwände, Unterschiede und Konflikte werden auf die Inhaltsebene verlagert und dort diskutiert. Wir äußern nicht unsere Einwände gegen eine Person, sondern streiten mit ihr über ein Sachthema. Wenn in der Kommunikation kein Konsens darüber besteht, worüber kommuniziert wird, ist keine solide Basis vorhanden. Die Inhalte sind nicht eindeutig, der Bezugsrahmen ist unterschiedlich usw. Dies führt zwangsläufig zu unterschiedlichen Wahrnehmungen über den besprochenen Inhalt oder das Ergebnis. Mitteilungen sind unklar und führen zu Missverständnissen.

*Das können Sie tun:* Werden Sie sich über die Beziehung klar. Gelten Ihre Einwände der Sache oder der Person, mit der Sie reden? Sprechen Sie offen oder verdeckt? Stimmt das, was Sie sagen, mit dem überein, was Sie denken? Worüber sollten Sie eigentlich reden?

**3.** Die Interpunktion der Ereignisfolgen in den Beziehungsmustern.

Damit ist gemeint, dass wir Ereignisketten bilden und an einer für uns bedeutenden Stelle beginnen. Bei Konflikten können die an unterschiedlichen Punkten gestarteten Ereignisse zur Beziehungsdefinition und damit zum Konflikt werden: „Weil Sie, nur deshalb habe ich". Es werden lineare/kausale Beschreibungen abgegeben, die sich gegenseitig widersprechen können. Auch die Unterscheidung, zum Beispiel aktiv/passiv, Gewinner oder Verlierer, stellt eine solche Interpunktion dar. Dadurch wird unser Handeln definiert und bewertet. Diese „Zeichensetzung" ist immer subjektiv, hat jedoch Folgen auf unser Verhalten. Aktives Verhalten anderer wird als Angebot erfahren, sich selbst passiv zu verhalten und umgekehrt. Im Alltag wundern wir uns, weshalb immer wir es sind, die die Initiative ergreifen müssen, und machen anderen Vorwürfe, während die anderen uns vorwerfen, keine Gestaltungsfreiheit zu haben. Zwei Seiten einer Medaille! Verhalten schaukelt sich systematisch auf, wenn „mehr desselben" mit „mehr des anderen" beantwortet wird. Zum Beispiel, wenn ein Vorgesetzter versucht, einerseits seine Mitarbeiter zu selbstständigen Aktivitäten zu bringen und dabei andererseits immer wieder Anweisungen gibt, kontrolliert und erneut anweist. Je mehr er es tun wird, umso weniger arbeiten die Mitarbeiter selbstständig. Die Weigerung der Mitarbeiter veranlasst ihn wiederum, noch mehr anzuweisen oder zu kontrollieren. Hier ist der Einstieg zum Aufschaukeln eines Konfliktes gegeben. Wird diese Interpunktion dazu benutzt, die Beziehung zu bestimmen: „Ich tue es nur, weil du" und zu kontrollieren, kommt es zur

Eskalation und zu einem Konflikt ohne Ende. Nur die Konsensfindung, die Möglichkeit zu einer Form von Gegenseitigkeit kann hier helfen: der gemeinsame Erfolg führt heraus aus dem Nullsummenspiel.

*Das können Sie tun:* Gehen Sie auf die Metaebene (Vogelperspektive), wie sieht der Dialog aus? Was müssen Sie konkret in Ihrem Verhalten unterlassen, um aus der Verhaltenskette herauszutreten?

**4.** Jede meiner Aussagen ist eine Aussage über mich.

Die Beobachtung ist abhängig vom Standpunkt des Beobachters. Jeder Beobachtungsstandpunkt ermöglicht einen bestimmten Ausschnitt. Unterschiede in der Aussage sind häufig Unterschiede in der Beobachtung. Verändern wir unseren Standort, können wir andere Beobachtungen machen. Rollendefinition und der Rahmen sind damit subjektiv. Dieses ist für Beziehungen sehr bedeutsam, denn wird eine Aussage zur Festlegung und zur „Definition der Wahrheit" benutzt, entscheidet sie über den Eintritt in Problemzonen. Alle Ergebnisse der Betrachtung sind individuelle Wirklichkeitskonstruktionen und damit nicht die, sondern nur unsere Wahrheit.

*Das können Sie tun:* Machen Sie sich klar, dass Ihre Aussage subjektiv ist. Fragen Sie sich, ob an der Aussage des anderen etwas „dran sein könnte". Das ist der erste Schritt zu Konsensfindung!

Sehr häufig wird im Geschäftsleben beim Thema Kommunikation von optimaler Informationsübermittlung gesprochen, so als ob es darum ginge, Computer zu vernetzen. Man redet von Sendern und Empfängern. Menschliche Kommunikation verhält sich anders, es ist nicht nur der Informationsaustausch eines Senders oder Empfängers, es ist die komplexe Vielfalt des Kontextes, der die Informationen ordnet und über deren Bedeutungen entscheidet. Wir können sie nicht in den „Griff bekommen", sondern nur durch Selbst-Bewusstsein des eigenen Denkens, Fühlens und Handelns gestalten lernen. Mit unserer Selbst-Organisation können wir experimentieren und eigenes Verhalten erproben. In den Beziehungen zeigt sich, was uns selbst treibt oder wer uns treibt: Gier und Zwist oder Kontakt und Kooperation.

Welche Aspekte wirken in der Beziehung? Es ist der persönliche Selbstwert, die Regeln und Muster, die Strukturen und der Kontext, in dem Beziehungen stattfinden (vgl. Satir, 1977).

**Abb. 21**  **Aspekte der Kommunikation**

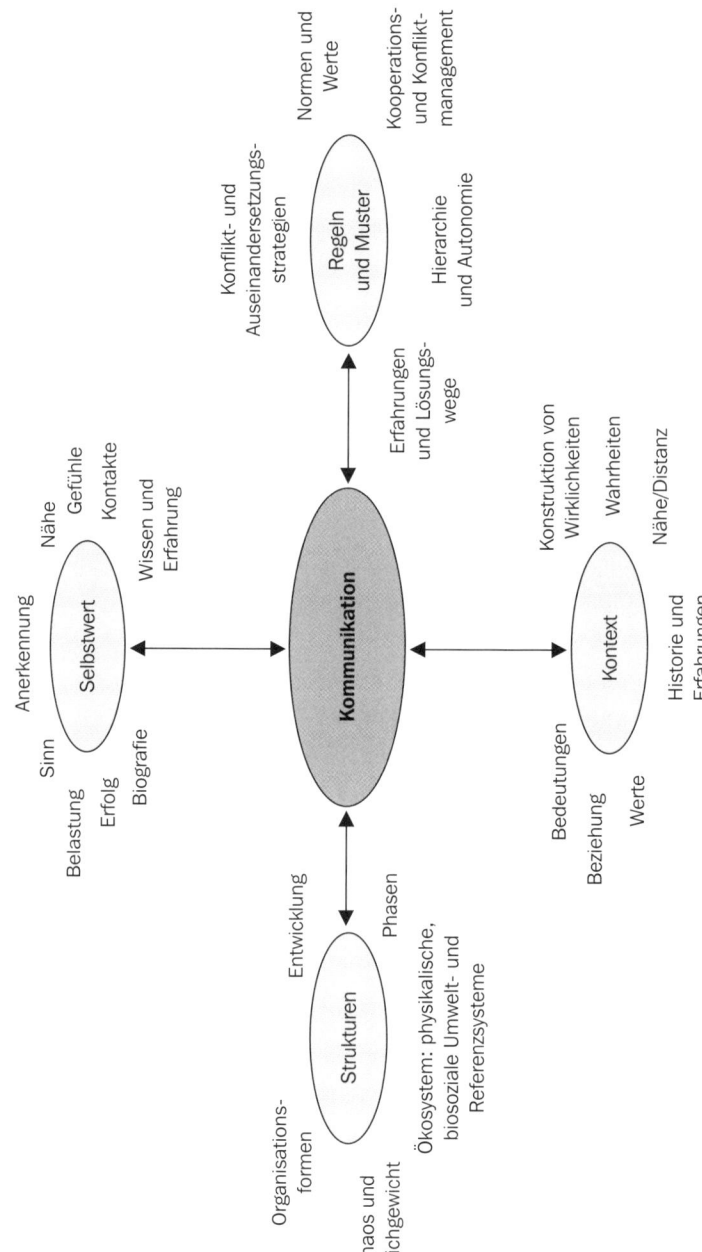

# BESCHREIBUNG UND ABBILDUNG DES TRANSAKTIONSFELDES IM UNTERNEHMEN

Im Veränderungsprozess ist es manchmal notwendig, die Komplexität zu redu-zieren oder zu vergrößern, je nachdem, welche Erfordernisse vorherrschen. Ein strukturiertes Vorgehen erleichtert die Arbeit. Sieben wesentliche Elemente hel-fen Ihnen dabei.

## ■ Die sieben Elemente systemischer Veränderung

### 1. Kontextanalyse

Zu Beginn eines Veränderungsprozesses ist das Feld aller Transaktionen zu benennen. Es kann als Landschaft beschrieben werden, der man sich nähert, um sie zu entdecken und zu differenzieren:

◆ Welche Bedingungen, Strukturen und Personen organisieren und beeinflus-sen das System?

◆ Welche harten und weichen Daten sind nötig, um ein Umfeld angemessen beschreiben zu können?

◆ Welche Ideen, Strategien, Regeln und Verhalten dienen der Strukturentwick-lung, -erhaltung und -auflösung?

Dies bedeutet: Der Veränderungsprozess findet statt in einem Feld mit vielen Faktoren, Menschen und Bedeutungszusammenhängen, die untereinander rück-bezüglich vernetzt sind. Jedes Geschehen hat Auswirkungen auf alle Beteiligten und Bedingungen. Will man erfolgreich verändern, dann ist es hilfreich, die fol-genden Variablen mit in die Betrachtung einzubeziehen:

1. Veränderungskontext: Wer hat zur Veränderung geraten? Wer ist daran betei-ligt? Die implizite Mitteilung zur Empfehlung, wer die Veränderung durch-führen soll, kann schon Erfolg oder Misserfolg des Veränderungsprozesses vorprogrammieren. Die Informationen „Dieser Berater, Manager, Mitarbeiter ist ein Könner auf diesem Gebiet" oder „Ach, du liebe Zeit, wie kommen Sie

denn gerade auf den, das ist doch zweite Garnitur" können bereits die Struktur für eine sich selbst erfüllende Prophezeiung schaffen.

2. Beziehungskontext: Welchem Bereich gehören die am Veränderungsprozess beteiligten Manager, Mitarbeiter und Berater an? Wo kommen sie her, sind sie eventuell hierarchisch miteinander verbunden? Ist der Veränderungsprozess freiwillig oder angeordnet? Welche Erwartungen gibt es? Welche Konsequenzen könnte die Veränderung im Beziehungsnetz nach sich ziehen?

3. Regeln, Mythen und Weltanschauungen: Welche Vorstellungen herrschen über die Art der Veränderung, über Erfolg und Misserfolg, über die Dauer und Intensität, über Kooperation und Konkurrenz des Prozesses? Welche vermuteten offenen und geheimen Regeln und Aufträge sind aus der Unternehmens- und Organisationskultur wirksam?

4. Erweiterter Kontext: Wie reagieren nicht direkt Beteiligte, Vorstand, Geschäftsführung, Vorgesetzte und Mitarbeiter etc. auf die Veränderung? Welche Konsequenzen haben Einwände aus diesen Systemen?

5. Gewählte und ausgehandelte Organisationsformen und Settings: Zeitrahmen, Freiheit in der Zusammensetzung der Gruppen und Teams?

## 2. Element: Anerkennung bereits gefundener Problemlösungen

Dies bedeutet: Statt nur auf der Problemseite der vorgestellten Thematik herumzureiten, werden die Lösungen der Vergangenheit respektiert und als zu diesem Zeitpunkt mögliche Strategien anerkannt, sofern sie nicht grobe Fahrlässigkeiten enthalten oder wider besseres Wissen getroffen wurden. Es ist wenig hilfreich, die Entscheidungen von gestern aus der Sicht von heute zu kritisieren und als falsch zu bezeichnen. Die erfahrenen Konsequenzen haben bessere Informationen geschaffen, die zum damaligen Zeitpunkt nicht vorlagen. Es ist auch demotivierend zu hören, was man gestern alles hätte besser machen können. Dagegen dient es der Entwicklung von kreativen Lösungen, alte Strategien auf ihre damalige Nützlichkeit im Hinblick auf ihre Wirkung für heute und morgen zu prüfen. Das heißt zu lernen! Damit erfahren auch die in der Vergangenheit beteiligten und handelnden Personen eine Wertschätzung für ihre Leistung und werden nicht hochmütig demontiert! Dies hat auch positive Konsequenzen für die Entscheidungsfreudigkeit und schafft „keine Leichen im Keller" der Beziehungen.

## 3. Element: Veränderungsprozess als Dialog

Dies bedeutet: In der Veränderung sind alle gemeinsam Suchende. Im Gespräch durch Fragen und Antworten und im Austausch von Wissen und Einschätzungen bringt man sich gegenseitig auf neue Gedanken und Vorgehensweisen. Das Tun des einen stimuliert das Tun des anderen. Dabei geben alle ihr Bestes. Interpretationen und Behauptungen sind hier weniger hilfreich. Das Spiel „Ich weiß es besser" wird konsequent unterbunden, auch der „gute Rat" jener, die nicht mitmachen, aber von außen sehen, was falsch ist. Wer nicht mitmacht, soll sich ganz heraushalten!

Alle verschaffen sich einen Freiraum und bringen sich in eine Haltung, in der Kreativität und Flexibilität möglich sind: Experimente, aber kein Aktionismus, Tempo, aber keine Hetze, Spaß und Freude, aber keine Bedeutungslosigkeit. Blockierungen werden als Teil des Prozesses verstanden und als Information statt als Schuld, Widerstand und Versagen benutzt. Ergebnis und Wirkung sind vom Prozess nicht zu trennen, die Autorenschaft gebührt allen Beteiligten.

## 4. Element: Selbstreferenz

Statt der eigenen Omnipotenz „Alles ist möglich" oder dem negativen Selbstwert „Das kann ja doch nichts werden" zu huldigen, ist es erfolgversprechender, die Rückbezüglichkeit von Transaktionsprozessen einzubeziehen. Das bedeutet, dass jeder Beobachter nur sieht, was sein Beobachtungspunkt ermöglicht und was er in der Beobachtung sucht. Manchmal entscheidet die psychische Tagesverfassung, ob Erfolg oder Misserfolg gesucht und gefunden werden. Haben wir ein Hoch, werden alle positiven Erfahrungen der Vergangenheit addiert und verknüpft. Man sieht keine Hindernisse und das Leben ist eine einzige Erfolgsbilanz, oder ein Misserfolg verbindet uns gedanklich mit weiteren Misserfolgen unseres Lebens, wir sehen schwarz und haben keine Hoffnung. Es gibt keine Beobachtung ohne den Beobachter. Es gilt auch, dass Eigenschaften und Etiketten Personen, Teams oder Unternehmen zugeschrieben werden, ohne dabei zu analysieren, inwieweit sie in der Beobachtung begründet sind. Sie sind mehr Projektionen als Tatsachen. Wenn diese Erkenntnis nicht beachtet wird, werden subjektive Einschätzungen wie Wahrheiten gehandelt und verfestigen sich mehr und mehr, bis vergessen ist, wo und wie sie entstanden sind.

## 5. Element: Wandlung und Entwicklung

Dies bedeutet: Bei der Veränderung ist man dem Wandel und der Entwicklung verpflichtet! Schwierigkeiten im Veränderungsprozess sind normale Erscheinungen und werden nicht einer Seite zugeschrieben, sondern als gemeinsamer Ansporn zur Suche nach alternativen Sichtweisen, Ideen und Lösungen betrachtet. Zu sagen: „Man sollte etwas tun" oder „Das Management sollte was tun" oder „Andere sollten etwas tun" heißt, sich selbst aus der Veränderung herauszunehmen und auf andere zu warten. Das Eintreten für Wandel und Entwicklung zeigt sich darin, ob hier nicht nur geredet, sondern auch gehandelt wird. Auch sollten Entwicklungen und Veränderungen im Umfeld in die Betrachtung einbezogen werden. Zum Beispiel entscheidet über den Grad der Entwicklung nicht nur das Verhalten des Unternehmens zu seinen Kunden, sondern auch zu seinen Wettbewerbern, ebenso politische, ökologische und soziale Trends. Es ist viel zu eng gegriffen, Veränderung nur in der Interaktion von zwei Systemkomponenten zu sehen.

## 6. Element: Selbstwert und Kongruenz

Dies bedeutet:

1. Eine anerkennende und wertschätzende Haltung sich selbst und den anderen gegenüber einzunehmen. Immer noch wird in unseren Breitengraden das Ansprechen von Problemen und Defiziten als Tugend betrachtet und positive Selbsteinschätzung wird mit Arroganz und Überhöhung gleichgesetzt. Statt unsere Fähigkeiten und Kenntnisse herauszustellen, werden Fehler und Versäumnisse addiert und honoriert – „Ich nehme die Schuld auf mich!" Dies führt zu einem verminderten Selbstwertgefühl, das wiederum eine verminderte Handlungskompetenz, eingeschränkte Flexibilität und Kreativität zur Folge hat. Umgekehrt stärkt ein positives Selbstwertgefühl die Handlungs- und Begegnungsbereitschaft, den Mut zum Risiko, zum Beschreiten neuer Wege und erhöhter Problemlösungskompetenz. Deshalb ist es im Prozess der Veränderung unerlässlich herauszustellen, was gut gelaufen oder gelungen ist. Welche positiven Erkenntnisse aus einem Problem sind zu gewinnen?

2. In vielen Trainings wird „Offenheit" propagiert, was zwar als Forderung verstanden wird, aber nicht einzuhalten ist. Wir sind nicht „offen", wir „öffnen" uns höchstens, wenn es die Beziehung und der Kontext aus unserer subjekti-

ven Sicht zulassen. Das erfordert Vertrauen, nicht beschädigt zu werden. Viele „große" Worte stehen oft im Widerspruch zum konkreten Handeln. Glaubwürdigkeit und Vertrauen entstehen aus der Übereinstimmung von Denken, Fühlen, Reden und Handeln.

## 7. Element: Selbstorganisation

Das bedeutet: Menschen lassen sich meistens nicht von außen steuern, eine direkte Umsetzung der gegebenen Impulse kann nicht erwartet werden. Das führt zu Frustrationen sowohl bei Managern, deren Ideen nicht wortgetreu umgesetzt wurden, als auch bei Mitarbeitern, die die Enttäuschung zu spüren bekommen. Anweisungen, Aufgabenstellungen, Verantwortung usw. sind in ihrer konkreten Auswirkung auf andere zu überprüfen, zu berücksichtigen und zu verarbeiten. Selbstorganisation setzt auf Selbststeuerung und nicht auf Hierarchie und Kontrolle. Mitarbeiter müssen befähigt und mit der nötigen Verantwortung ausgestattet werden, sich durch eigenes Interesse und durch eigene Steuerung selbst zu motivieren und zu bewegen. Vorübergehende Turbulenzen werden als Phase der Veränderung bewertet.

# DIALOGFÄHIGKEIT DURCH INTERVIEWTECHNIKEN FÜR DIE WEICHEN DATEN IM UNTERNEHMEN

## Der Unterschied von Landkarten und Landschaften

Wenn Menschen sich begegnen, dann entsteht zwischen ihnen in Kürze eine ganz spezifische Art und Weise, wie sie miteinander umgehen. Es wird sich sehr bald eine Gesetzmäßigkeit entwickeln, die in jeder weiteren Begegnung das Verhalten bestimmt. Es entsteht nach kurzer Zeit ein Verhaltensmuster, das sie mehr und mehr verfestigen und das festlegt, wie sie sich bei weiteren Treffen begegnen werden. Auch in Unternehmen bewegen sich Menschen in vorgegebenen Strukturen, werden aus der Vielfalt der Möglichkeiten wenige ausgewählt, die dann zum normalen Repertoire gehören. Durch Muster und Regeln werden

Systeme oder Beziehungen in ihrer Komplexität vereinfacht. In den Mustern werden Ereignisse und Transaktionen in ihrer Regelhaftigkeit erkennbar und somit vorhersagbar. Oft hört man: „Ich kenne meine Kunden, Mitarbeiter, Kollegen etc.", was ausdrücken soll: „Da ist nichts zu machen!" Es wird unterschätzt, dass gerade diese Bewertung im Verhalten sich aus einer Auswahl an Möglichkeiten geordnet hat. Hier zeigen sich neue Möglichkeiten, Muster wieder aufzulösen und andere zu finden.

In der Ausformung von Beziehungen entsteht ein Gebilde, das sich verhält wie eine Landkarte in Bezug auf die Landschaft. Die Landschaft ist das Territorium. Hier können wir uns die Personen, Gruppen, Teams, Abteilungen, Themen, Elemente und Bedingungen in ihrer ganzen Vielfalt und Verschiedenheit vorstellen wie in Landschaften Berge, Täler, Wiesen, Bäume und Städte. Die Landkarte ist die Beschreibung und Abbildung dieser Landschaft. Eine Beschreibung und eine Abbildung können die Wirklichkeit niemals zu 100 Prozent wiedergeben, sonst wären sie ein gleiches Territorium. Eine Abbildung zeigt Straßennetze, geographische Gegebenheiten etc. wie eine Vergrößerung spezieller Aspekte des Territoriums. Natürlich ist die Beschreibung abhängig vom Standpunkt des Beobachters, der durch seine Auswahl den gewählten Verknüpfungen seine Bedeutung gibt. An dieser Stelle sei nochmals betont, dass wir mit „persönlichen Landkarten" an „fremde Landschaften" herangehen und Ähnlichkeiten und Unterschiede wahrnehmen. Oft entscheiden wir, was wir zu sehen glauben, nach ganz wenigen Informationen, wie in einer Art Rasterfahndung. Wir sagen dann: „So ist es!" Es fehlt uns häufig an Neugier und Interesse, die andere Landschaft zu entdecken wie ein fremdes Gebiet, das wir nicht kennen und voller Staunen wahrnehmen. Um etwas *angemessen und nachvollziehbar* beschreiben zu können, müssen bestimmte Bereiche des Territoriums zusammenpassen wie die Landkarte zur Landschaft, denn manchmal ist der Unterschied der persönlichen Beobachtung so groß, wie ein Stadtplan nicht zu einer topographischen Karte passt.

## ■ Veränderung im Dialog gestalten

Um geeignete Informationen über Strukturen und Beziehungen zu erhalten, müssen wir lernen zu fragen und nicht nur Feststellungen zu treffen. Fragen können statt immer selbst zu reden ist die hohe Schule der sozialen Kompetenz. Wenn wir nicht immer in herkömmlicher Weise an Gesprächspartner herantreten, „weshalb, wieso, warum", erhalten wir wenige Informationen. Um die persönlich erlebte Realität wahrzunehmen, zu verstehen und verändern zu können, müssen wir lernen zu fragen, weshalb in einer bestimmten Weise gedacht oder gehandelt wird. Ein Gespräch über die weichen Realitäten im Unternehmen hat zum Ziel, ein plastisches Bild der vorhandenen Beziehungsstrukturen zu ermitteln; das Gespräch in Fluss zu halten, den Informationsaustausch in Bewegung zu bringen; Handlungsalternativen betrachten und wieder verwerfen zu können; Machtkämpfe zu verhindern.

Unabhängig davon, welche Informationen als bedeutungsvoll und als weniger wichtig angesehen werden, gibt es ein paar wichtige Zusammenhänge, die zunächst zu erfassen sind und die wir als *weiche Daten* beschreiben. Sie sind die Verknüpfungen aller Strukturen der Organisation und der Beziehungen von Menschen im Unternehmen.

Ein Gespräch zwischen Personen wird zum Wertschöpfungsprozess, weil Interviewer und der Interviewte gleichzeitig Informationen erhalten. Es wird leicht erreicht durch

◆ eine Haltung von Neugierde,
◆ das Vermeiden einseitiger Deutungen und Bewertungen,
◆ das Stellen offener Fragen, die Erklärungen und Differenzierungen notwendig machen, statt Fragen, die den Partner, Kollegen, Kunden zu Polaritäten veranlassen ja/nein, richtig/falsch, aktiv/passiv, gut/böse, gesund/ krank, normal/unnormal,
◆ Selbsterkenntnis statt Projektion: *Mich besser kennen*, was sind meine Einstellungen, Abneigungen, Eigeninteressen, Werte, Meinungen, Vorurteile etc., um nicht in eigene Fettnäpfchen zu treten und sie für die Fettnäpfchen der anderen zu halten.

Fragetechniken öffnen die oft unbekannte Welt zu den weichen Realitäten im Unternehmen, die wir durch harte Fakten niemals entdecken können, die jedoch für die Ermittlung von Potenzialen, Ressourcen, Missständen unentbehrlich und für den Erfolg des Unternehmens von größter Bedeutung sind. Sich fragend einem Umfeld zu nähern, schafft Offenheit für neue Informationen und Entwicklungen. In dieser Weise zu fragen, bringt nicht nur Antworten für den Fragenden, sondern besonders auch neue Informationen für den Befragten. Man fragt nicht nur aus, sondern der Befragte selbst hat einen Nutzen. Es ist bekannt, dass Fragen weiterbringen als Antworten, wir scheuen uns trotzdem nachzufragen, weil übliche Fragen manchmal zu direkt, zu analysierend sind und zu sehr auf Überprüfung in richtig oder falsch drängen. Erlebt man sich im Engpass,

---

**Notizbox:**

Veränderungen im Dialog gestalten. Wir unterscheiden folgende Frage-
typen (vgl. Penn, 1983):

**1.** Unterscheidungsfragen

**2.** Kontextfragen

**3.** Fragen zu Klatsch und Tratsch

**4.** Hypothetische Fragen

**5.** Triadische Fragen

**6.** Zukunftsfragen

**7.** Fragen zu Verhalten und Transaktionen

**8.** Fragen nach der inneren Landkarte

**9.** Haltung von Neugierde und Neutralität

---

kann es sogar hilfreich sein, sich diese Fragen selbst zu stellen. Natürlich können Fragen umso leichter gestellt werden, je größer der Abstand zum Geschehen ist. Berater können hier am leichtesten Licht ins Dunkel bringen, sie haben nicht nur Abstand, sondern sind meistens auch nicht involviert. Sie können den Beteiligten durch Moderation helfen eine Metaebene einzunehmen und schaffen Sicherheit in unsicherem Gebiet.

## 1. Unterscheidungsfragen

Manche Gruppen, Teams, Organisationen erscheinen oder zeigen sich so, als ob alle Mitglieder gleich wären, gleicher Meinung sind, oder als ob es keine Unterschiede in der Betrachtung der Welt gäbe. Unter starkem Außendruck haben sie ein bestimmtes Verhaltensmuster entwickelt. Der notwendige Zusammenhalt zwang sie zu Gruppenregeln wie „Bitte keinen Streit", „Wir gehören zusammen, Unterschiede zerstören uns". Dort, wo Unterschiede nicht wahrgenommen oder geleugnet werden, ist es nützlich, sehr sorgfältig und umfassend nach Unterschieden zu fragen. Beispiele: Ranglisten, Prozentangaben, für wen ist es ein größeres Problem, wer macht sich mehr Sorgen, wer hat das Problem zuerst bemerkt, wer hätte den größten Profit, wer hat den größten Einfluss? Wenn Unterschiede nicht wahrgenommen werden sollen, ist es notwendig, auf kleinste Unterscheidungen zu achten, zum Beispiel 51 Prozent und 49 Prozent, oder mehr oder weniger, besser/schlechter etc.

◆  Worin unterscheidet sich Ihre Arbeitsweise von anderen?
◆  Sind Sie mehr oder weniger zufrieden?
◆  Wenn Sie es in Prozenten ausdrücken, wie viel schätzen Sie?
◆  In welchem Grad sind Sie einverstanden?
◆  Sind alle gleicher Meinung mit „Z"?
◆  Worin unterscheiden sie sich?

Im Anschluss an die Fragen und die sich ergebenden Antworten entstehen oft Diskussionen und vermehrte Gespräche, die mehr und mehr Unterschiedlichkeit deutlich werden lassen. Damit kommt es zur Differenzierung, die Erkenntnisse, Entscheidungen und Konsequenzen ermöglicht.

## 2. Kontextfragen

Jede Beziehung findet in einem ganz bestimmten Kontext statt. Oft werden mit Aufgaben und Aufträgen bereits Botschaften über den zu erwartenden Erfolg oder Misserfolg mitgegeben. Diese Aufträge gilt es zu kennen, einzubeziehen und infrage zu stellen. Oft finden Beratungen auch in einem Kontext statt, der eine Veränderung von vornherein ausschließt:

◆  Wer ist noch beteiligt?
◆  In welchem Umfeld (Zustand) befinden sie sich?
◆  Welche Abhängigkeiten gibt es?
◆  Wie ist die momentane Situation (Umfeld)?
◆  Wer unterstützt, berät, hilft?
◆  Wodurch wird was bestimmt?

## 3. Fragen zu Klatsch und Tratsch

In Unternehmen wird viel geredet, am meisten übereinander. Diese Informationskanäle laufen oft quer zur formalen Struktur. So werden Meinungen indirekt weitergegeben, für Stimmungen gesorgt und Wirklichkeiten konstruiert und gestaltet. Durch die informale – nicht direkte – Kommunikation werden persönlich zurechenbare Standpunkte vermieden. Man muss sich nicht festlegen oder kann auch nicht festgelegt werden, weil jeder nur berichtet, was andere erzählen oder man nur gehört hat. Gerüchte sind wie Gerüche, die durchs Unternehmen ziehen. Jeder kann sie riechen, keiner weiß, woher sie kommen. Es gibt die Möglichkeit, diese Informationen anzusprechen, ans Licht zu bringen und offen aussprechen zu lassen. Es geht nicht darum, Wahrheiten zu finden oder Lügen zu verbreiten, sondern Stimmungen wahrzunehmen. Klatsch und Tratsch gibt es überall. Hier können sich informale Strukturen zeigen. Es sind Informationen zu Stimmungen, Einschätzungen und Bewertungen, zu geheimen Spielregeln.

◆ Was sagt man über Sie konkret?
◆ Was sagt man woanders?
◆ Was sagt man über Ihre Abteilung?
◆ Wie denkt man über Sie?
◆ Sie haben eine gute Presse. Wie machen Sie das?
◆ Gibt es ein Gerücht?
◆ Welche Tabus gibt es?
◆ Wie redet man darüber?
◆ Was erzählt man sich darüber?
◆ Wie ist das Klima?

## 4. Hypothetische Fragen

Dies sind Fragen mit dem Blick in die Zukunft, die vermutete oder gedachte Zustände und ihre mögliche Annahme und Auswirkung beschreiben.

In Krisenzeiten ist es kaum erlaubt, neue Ideen zu kreieren oder nach bisher ungelebten Möglichkeiten Ausschau zu halten. Durch Vorstellungen werden neue Gedanken und andere Sichtweisen ins Spiel gebracht, probehalber vorgedacht, Gedanken auf Konsequenzen geprüft.

◆ Was wäre wenn?
◆ Angenommen?

- Unter der Voraussetzung, dass?
- Was würde passieren, wenn?
- Wie würde sich … auswirken?

Menschen sind oft überrascht, wenn sie ihre Wünsche laut aussprechen. Oft werden Ideen schon verworfen, noch ehe sie zu Ende gedacht wurden. Traditionen, Glaubenssätze sind wie gedankliche Kontrollen. Sie hindern uns daran, Vorstellungen auszusprechen und weiterzudenken.

## 5. Triadische Fragen

Triadische Fragen schaffen eine Metaebene, die es möglich macht, andere Beobachtungsstandpunkte einzunehmen und andere Sichtweisen im Unterschied zu den eigenen zur Kenntnis zu nehmen.

- Was würde Ihr Kollege aus der Abteilung sagen, wenn …?
- Inwieweit beeinflusst (der Außenstehende, jedoch am Prozess Beteiligte) unsere Annahmen, Beziehungen?
- Wie denken Sie (die anderen) über unser Problem/unsere Tätigkeit?
- Wie beurteilen Sie die Beziehung zwischen …?
- Gibt es eine Person/einen Prozess/eine Tätigkeit außerhalb, die Einfluss nimmt?

## 6. Zukunftsfragen

Menschen, die Veränderung suchen, sehen sich oft im Engpass. Sie fühlen sich hilflos und ohnmächtig, sitzen gleichsam im schwarzen Loch, aus dem es keinen Ausgang gibt. Die Gedanken beschäftigen sich mit der Vergangenheit und erinnern an fehlgeschlagene Lösungen. Mit Zukunftsfragen öffnen wir ein Tor zu den bisher ungedachten Möglichkeiten der betroffenen Menschen und ihren Vorstellungen und Ideen. Diese Fragen erlauben erstmals darüber nachzudenken, Visionen zu entwickeln, wie denn die Zukunft anders gestaltet werden könnte und welche verschiedenen Möglichkeiten es dazu gibt und dass überhaupt eine Zukunft existiert.

- Welche Ideen haben Sie, wie sich Ihre zukünftige Zusammenarbeit entwickeln wird?
- Welche Aufgaben (Themen) sehen Sie in der Zukunft?

99

◆ Welche Erwartungen haben Sie (Kunde – Lieferant, Chef – Mitarbeiter, Teammitglied)?
◆ Was wird Ihr Handeln zukünftig bestimmen?
◆ Wo wollen Sie in einem, zwei, drei, vier Jahren stehen?

## 7. Fragen zu Verhalten und Transaktionen

Menschen, Teams, Organisationen, die über ihre Probleme berichten, neigen oft dazu, uns Diagnosen oder linear-kausale Beschreibungen zu geben, die bereits eine entsprechende Deutung des Geschehens liefern. Unter Auslassung bestimmter Elemente, bestimmter Personen, bestimmter Verhaltensweisen können die Betroffenen häufig selbst nicht mehr Abweichungen und andere Vorgehensweisen wahrnehmen. Es geht darum, ganz konkretes Verhalten, Verhaltensabläufe und Transaktionen abzufragen. Selbst wenn wir nach konkreten Verhaltensweisen fragen: „Wie machen Sie das? Was machen Sie wie?", werden uns keine Verhaltensweisen beschrieben, sondern Erklärungen zu Verhalten gegeben: „Wir arbeiten systematisch daran". Diese Antworten lösen einen eigenen vergleichenden Suchprozess aus, bis wir schließlich zustimmen: „Ah ja, ich verstehe". Wir verstehen nur, was wir selbst darunter zu verstehen glauben, jedoch bemerken wir nicht, dass wir keine konkreten Beschreibungen, wie es wirklich ist, erhalten haben. Diese Erkenntnis ist ein wichtiger Einstieg für Fehlinterpretationen. Geben wir uns also nicht mit Abstraktionen ab, wo Verhaltensweisen interessieren.

◆ Wer sind die „Key Player"?
◆ Wie zeigt sich dieses Verhalten?
◆ Was zeichnet das Verhalten aus?
◆ Wie genau sind die Entscheidungsabläufe im Team?
◆ Wie zeigt sich der Führungsstil?
◆ Was machen Sie genau, wenn?
◆ Welche Schritte leiten Sie ein, um?
◆ Welche Hilfsmittel wählen Sie genau, um zu?

## 8. Fragen nach der inneren Landkarte

Wir geben in der Regel jedem Ereignis und Erleben eine bestimmte Bedeutung. Wir bewerten es nicht nur als gut oder schlecht, sondern differenzieren in verschiedenen Richtungen und auf verschiedenen Ebenen. Auf diese Art machen wir laufend innere Zuschreibungen und stiften Sinn. Theoretisch können wir unendlich viele Sinngebungen gestalten, die wiederum unterschiedliche Gefühle und Reaktionen zur Folge haben. Wenn wir deshalb fragen: „Wie erklären Sie sich das?", fragen wir nach dem Sinn stiftenden Hintergrund und gehen gewissermaßen rückwärts im inneren Verarbeitungsprozess. Diese Informationen erweitern den Fokus. Wir verstehen, wie und womit verknüpft wird, hören Informationen und stoßen auf Wissenslücken, die im weiteren Vorgehen genutzt werden können.

- Welche Bedeutung hat das für Sie?
- Welche Erfahrung haben Sie damit?
- Welche Rolle spielt das?
- Was denken Sie darüber?
- Wie beurteilen Sie das?
- Wie deuten Sie das?

## 9. Haltung von Neutralität und Neugierde

In Beziehungen mit unterschiedlichen Positionen ist es wertvoll, sich zunächst um eine neutrale Haltung zu bemühen, indem man keine frühzeitige Stellungnahme abgibt, die der einen oder anderen Person in ihrer Weltsicht oder Interpretation zustimmt oder sie ablehnt. Durch jede Bewertung kann man auf die Minenfelder der jeweiligen Personen, Teams oder der Organisation treten. Dem einen zustimmen heißt oftmals den anderen ablehnen – ein Spiel, das in der Organisation gerne gespielt wird. Mitmachen heißt, schädliche Prozesse zu unterstützen und zu erhalten.

Neugierde ist die Bereitschaft, jedes Neue, jedes Andersartige oder Fremde kennen zu lernen und zu durchdringen (vgl. Ceccin, 1988). Auch wohl bekannte Formen sollten mit freundlicher Aufmerksamkeit betrachtet werden, um Unterscheidungen zu den eigenen Erfahrungen sicherzustellen. Frühe Bewertungen unterbrechen diesen Prozess der Entdeckung und Entwicklung, eine Falle, der auch Berater sehr häufig erliegen, weil sie aus dem Gefühl der Unsicherheit die Unterschiede nicht managen zu können, viel zu früh ordnen und regeln wollen.

# *T*RANSAKTIONSMUSTER IN MENSCHLICHEN BEZIEHUNGEN

Aus den Informationen der Interviews entsteht ein mehrdimensionales Bild des Transaktionsfeldes. Zu den harten Daten zu Organisations-, Führungs- und strategischen Analysen kommt ein weiterer Bereich hinzu: die Muster und Regeln der Zusammenarbeit. Wir fragen nicht nach „entweder/oder", sondern wir fragen, in welcher Weise und in welcher Intensität Beziehungen sich gestalten. Diese Informationen sind eine wichtige Voraussetzung für Veränderungsprozesse. Es kann für den Erfolg eines Projektes entscheidend sein, sehr genau herauszuarbeiten, wie viel Autonomie in einem Team vorhanden ist oder wie man über das Unternehmen, die Kunden, Mitarbeiter oder spezielle Aufgaben denkt. Ebenso ist es von großer Bedeutung zu beurteilen, was in der konkreten Projektaufgabe für einen reibungslosen Ablauf nötig wäre.

| Abb. 22 | Transaktionsmuster von Beziehungen (nach G. Guntern) |
|---|---|

**Transaktionsfeld zur Beschreibung von Mustern und Regeln
im Zusammenwirken von Menschen**

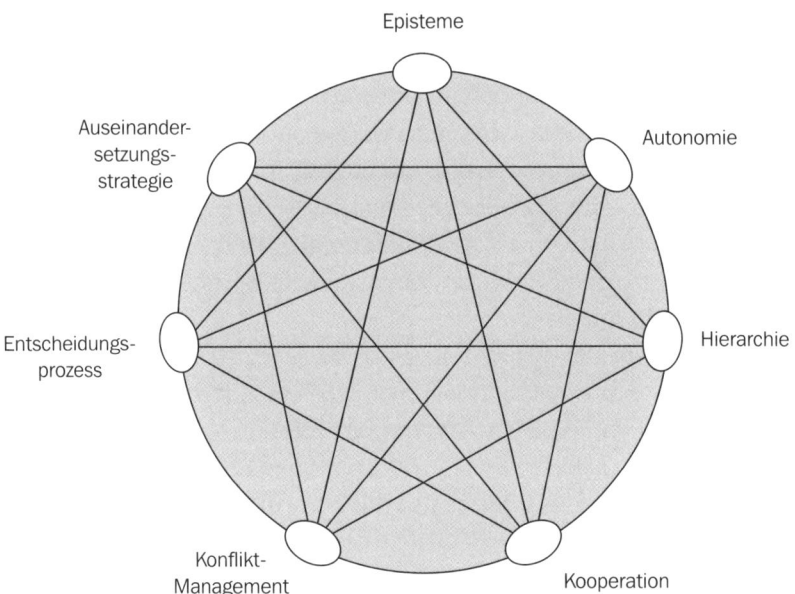

Weitere wichtige Erkenntnisse, die Veränderung erlauben, sind Fragen nach den Regeln und Mustern der Zusammenarbeit:

◆ „Wie wird in Ihrem Aufgabenbereich Hierarchie geregelt?" Damit ist nicht nur das Organigramm gemeint, sondern auch der Umgang mit Hierarchie, aber auch Fragen zur informellen Hierarchie, die unterirdisch, das heißt nicht schriftlich fixiert, aber tagtäglich praktiziert wird! Regeln, die das Verhalten miteinander und zueinander steuern.

◆ Ebenso bringen Fragen zu den konkreten Regeln zum Konfliktmanagement oder zu Entscheidungsstrategien erhellende Antworten. Sie decken Störungen auf und lassen Engpässe deutlich werden. Wenn es in einem Unternehmen immer wieder dazu kommt, dass Konflikte, die im Team entstanden sind, dort nicht gelöst werden, sondern von verschiedenen Teammitgliedern Linienvorgesetzten zur Entscheidung vorgetragen werden, dann heißt die Spielregel: „Löse Konflikte nicht im Team, sondern in der Linie!"

# TEAMKOOPERATION UND KONFLIKTMANAGEMENT

Durch die Möglichkeit, sowohl Verschiedenheit zu nutzen, Vielfalt zu ermöglichen als auch optimal zielorientiert zu handeln, erfasst die Teamarbeit als erfolgreiche Organisationsform immer mehr Teile des Unternehmens. Unternehmen stehen vor der Herausforderung, sowohl Komplexität für Lösungsvielfalt zu erreichen als auch die wachsende Komplexität handhaben zu können. Der Vorteil von Teamorganisation liegt in dem Hervorbringen unterschiedlicher Fähigkeiten, die sich ergänzen und gegenseitig zirkuläre Prozesse auslösen. Damit kann die Kreativität erhöht werden. Ebenso entsteht aus Teamarbeit ein kollektives Bewusstsein, „das Wissen des Unternehmens", das die Produktivität erhöht. Dieser Gewinn wird immer noch unterschätzt. Der Kontrollverlust, der mit der Komplexität bei Teamarbeit einhergeht, macht Linienverantwortlichen Sorge. Teamarbeit scheitert oft auch an den Vorurteilen, „Im Team zu arbeiten ist zu kompliziert", „Man muss sich mögen", „Jeder sucht seinen Vorteil", „In Teams wird viel zu viel geredet", „In Teams will jeder mitentscheiden", „Der Projektleiter muss Kontrolle ausüben. Ist es dann noch ein Team?" Viele dieser Einwände haben mit unserer Erwartung an Zusammenarbeit zu tun und mit der

Unerfahrenheit, Unterschiede auszubalancieren und Konflikte angemessen zu lösen. Ein weiterer Aspekt ist jedoch, dass Teamarbeit in bisherige Linien-Strukturen eingefügt wird und damit oftmals im Widerspruch zur hierarchischen Ordnung steht. Dies löst einen Konflikt aus. Die sich ergebenden Gegensätze werden nicht strukturell gelöst, weil dies eine radikale Veränderung der bisherigen Ordnungen nach sich ziehen würde. So lässt man bestehende Ordnungen unangetastet, was leider die Probleme und ihre Lösungen auf die Teamebene verlagert. Dort muss der Widerspruch zwischen Linien- und Teamverantwortung ausgehalten werden, was oft genug im Disaster endet und zu Unrecht der Teamarbeit, den Beziehungen oder den Persönlichkeiten im Team angelastet wird. Es sind jedoch die Symptome für ungeklärte Strukturen oder unvereinbare Gegensätze von Organisationsformen. Hier für Klarheit zu sorgen ist Managementaufgabe.

# KONFLIKTMANAGEMENT ALS NORMALES GESCHEHEN

Menschen haben unterschiedliche natürliche Wünsche, Bedürfnisse und Interessen. Ihre Unterschiedlichkeit führt zu Interessengegensätzen und Konflikten. Auch in der Vorgehensweise und Zielfindung werden diese Unterschiede sichtbar. Trotz dieser Normalität werden Konflikte negativ bewertet und oft als Zeichen von Unfähigkeit interpretiert. Interessengegensätze auszudrücken, auszutragen und auszuhalten sind Teile eines sinnvollen Konfliktmanagements im Unternehmen. Wir müssen dazu kommen, Konflikte neu zu bewerten und ihr Auftreten nicht als Störung zu begreifen, sondern als Prozess im Aushandeln von Unterschieden.

# MENSCHEN IN TEAMS ZWISCHEN AUTONOMIE UND GEMEINSCHAFT

Konfliktmanagement, Auseinandersetzungsstrategien und Kooperation von Menschen in Teams sind ein Ausgleich zwischen Autonomie und Kooperation. Gute zwischenmenschliche Beziehungen zeichnen sich nicht durch das Fehlen von Konflikten aus, sondern durch Konsensfähigkeit. Zu viel Gemeinsamkeit tötet eigenständige Gedanken und zu viel Eigenständigkeit lässt jeden das Rad immer wieder neu erfinden. Ein erfolgreiches Konfliktmanagement sucht klare Definitionen von unterschiedlichen Ansichten, ehrlichen Konsens, eindeutige Entscheidungen, genügend Kompromissbereitschaft und wiederholte Prozessanalysen mittels Feedback-Schleifen.

| Abb. 23 | Verantwortung als gemeinsamer Prozess |
| --- | --- |

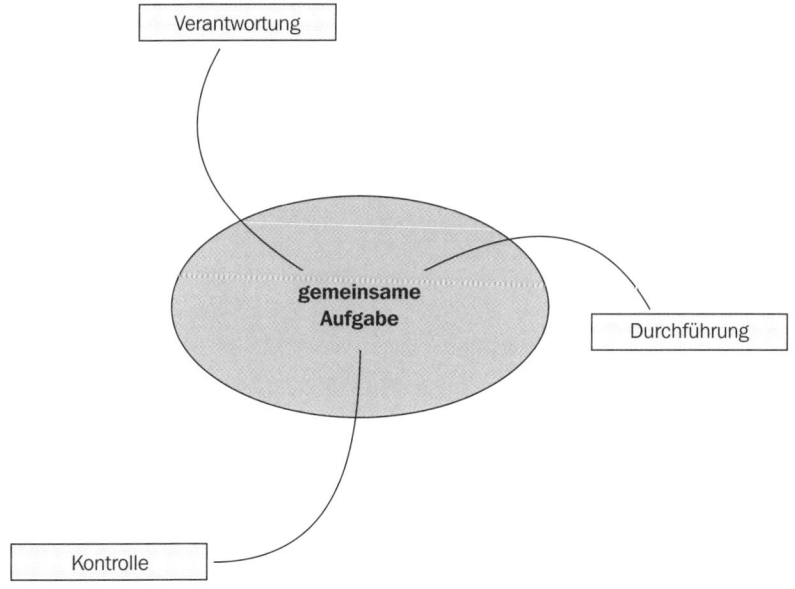

Verantwortung

gemeinsame
Aufgabe

Durchführung

Kontrolle

Konzept für die erfolgreiche Durchführung von Aufgaben:
Verantwortung, Durchführung und Kontrolle als gemeinsamer Prozess

Ganz einfach ausgedrückt: Wer zusammen erfolgreich arbeiten will, braucht Zeit für Denkleistungen, Entspannung zur Regeneration und die Möglichkeit, über die Zusammenarbeit und die Beziehungen zu reflektieren. Wer erfolgreich voranschreiten will, muss in der Lage sein, sich vom Feedback der Erfahrungen leiten zu lassen und Konsequenzen zu ziehen. Es gibt einen wesentlichen Fehler bei der Teamorganisation: Die Aufgaben und der Prozess von Teams werden meistens in Durchführung, Verantwortung und Kontrolle gespalten. Oftmals gehören die eigentlich Verantwortlichen für das Ergebnis überhaupt nicht den Teams an, was zu einer sehr schwierigen Situation führt. Das Team erarbeitet, macht Vorschläge, hat Ideen, aber die Entscheidung wird woanders getroffen; eine sehr irritierende und frustrierende Situation. In vielen Unternehmen wird diese Situation dank langer Prägung gar nicht wahrgenommen, ja sogar für völlig normal erachtet. Erst durch Symptome wie hohe Reibungsverluste, anwachsende Inaktivität und mangelnde Lösungen werden die strukturbedingten Störungen sichtbar.

# SELBSTORGANISATION IN TEAMS

Welche Strukturen sind für Teams Erfolg versprechend? Was ist zu beachten, um Ineffektivität zu reduzieren, ihre Produktivität zu erhöhen und Selbstorganisation zu ermöglichen? Wie kommen Teams in die Lage, sich den Herausforderungen zwischen Stabilität und Veränderung immer neu anzupassen?

Die Zusammenarbeit im Team gestaltet sich selbstähnlich, das heißt, es zeigen sich vergleichbare Muster, Regeln und Werte wie in der sonstigen Struktur im Unternehmen. Natürlich gibt es im Unternehmen unterschiedliche Zusammenarbeit, jedoch werden sich die Spielregeln des gesamten Unternehmens in den Teams wiederfinden: Wie werden Aufgaben strukturiert und koordiniert, wie werden Informationen und Ergebnisse weitergegeben und miteinander kommuniziert? Veränderungen zum Beispiel in puncto Klarheit in der Aufgabe und Durchführung wirken sich auch auf andere Bereiche des Unternehmens aus.

Der Erfolg von Teams ist sehr davon abhängig, inwieweit es gelingt, bei schwierigen Herausforderungen nicht in vorgefertigten Lösungen denken zu müssen, sondern aus einem Bündel von Möglichkeiten Alternativen abzuwägen und eine Wahl zu haben. Kreative Teams können ihre komplexen Aufgaben nur erfüllen, wenn sie über Freiräume und Verantwortung, die Befähigung zur Projekt- und Prozessarbeit und soziale Kompetenz verfügen.

**Abb. 24**  Teamkultur ........................................................................................................

**Teamkultur**

zeigt sich im Kontakt
mit sich selbst, mit den anderen, dem Kontext,
dem Wissen und dem Handeln

**Team-Kommunikation**
glaubwürdig,
angemessen
und direkt

**Team-Information**
Austausch von
vorhandenem Wissen,
benötigtem Wissen
und neuen Erkenntnissen

**Team-Aufgaben**
durchschaubar,
konkret,
lösbar

**Team-Organisation**
Selbstorganisation
für den Prozess und das Ergebnis
eigenverantwortliches Denken,
Entscheiden und Handeln

**Team-Transparenz**
Kommunizieren
der Ergebnisse
und Prozesse

# VON DER GRUPPE ZUM TEAM – GEMEINSAMKEITEN UND UNTERSCHEIDUNGSMERKMALE

**D**as Team kann definiert werden als die zielorientierte Zusammenarbeit mehrerer Personen, die ihre Prozesse selbstorganisierend mit der vorhandenen Kompetenz planen, durchführen, kontrollieren und verantworten.

Das Team denkt und handelt in Verantwortung füreinander, im Hinblick auf die Herausforderungen und auf das gesetzte Ziel. Prozess und Ergebnis gehören zusammen. Die persönliche Verantwortlichkeit zeigt sich im Verhalten zueinander. Wer darauf wartet, dass andere, die Kollegen, die Geschäftsführung, die Mitarbeiter, die Untergebenen etwas tun, der fühlt sich nicht verantwortlich und ist weit weg von der eigenen Beteiligung. Die Regel muss heißen: Was will ich tun? Und nicht: Was sollen die anderen tun?

Die Zusammenarbeit löst gegenseitig organisierte Prozesse aus, die vorhandene Fähigkeiten und vorhandenes Wissen durch fortwährenden Informationsaustausch ergänzen und ausbauen.

Hierarchien werden im Team gebildet, um Prozesse zu regeln und Zuständigkeiten zu klären, und beruhen auf Kompetenzen und Aufgaben. Jede Hierarchieposition beinhaltet Rechte und Pflichten. Teamleiter und/oder Teamsprecher sind Teil des Teams. Erfolg und Misserfolg gehören dem Team und sind nicht teilbar. Entscheidungsprozesse werden gemeinsam, aufgrund laufender Informationsverarbeitung, zwischen Alternativen ausgewählt und regeln zukünftiges Handeln in Bezug auf das Ziel.

Die Zusammenarbeit koordiniert und integriert einzelne Prozesse und Beziehungen in ein gemeinsames Ganzes. Die Regeln der Zusammenarbeit werden im Prozess gebildet.

Konflikte werden als Interessengegensätze – als normales Geschehen betrachtet – klar definiert und in einer ehrlichen Suche nach Übereinstimmung im Team gelöst. Es wird geprüft, ob gemeinsame Beschlüsse eingehalten werden.

Grundsätzlich gilt für Teams:

◆ Ziel, Rahmenbedingungen und Abgrenzung zu anderen Organisationseinheiten müssen definiert sein. Bei funktionsübergreifenden Teams ist auch die Abgrenzung zu Linienverantwortlichen zu klären.

◆ Das Team wird nach Kompetenz quer zur Funktion und Hierarchie gebildet. Bei mehreren Teams regelt ein Team-Lenkungsausschuss die parallelen Projekte bezüglich Zeit und Ressourcen.

◆ Es sind nur Mitarbeiter im Team, die mitarbeiten können und wollen. Mitarbeiter mit Beobachtungs-, Kontroll- und Platzhalteraufgaben von Außenstehenden sind in der Teamarbeit weder gewünscht noch nützlich.

◆ Der Zielfindungsprozess muss alle Beteiligten einschließen. Es ist ein Regelkreis. Mit ihm startet die Teamarbeit.

◆ Wer Kompetenz hat, braucht Entscheidungsspielraum.

◆ Der Prozess der ständigen Verbesserung muss sofort wirksam werden (Feedback-Schleifen).

◆ Dort, wo das Problem auftritt, werden die Lösungen gesucht, muss entschieden und gehandelt werden.

◆ Die Teams betreiben Selbststeuerung und Selbstverwaltung.

◆ Aufgabe von Vorgesetzten: Unterstützung, Rat, Wege ebnen und die Förderung der Mitarbeiter betreiben.

Jedes Team ist eine Gruppe, aber nicht jede Gruppe erfüllt die Bedingungen für ein Team! Worin liegt der Unterschied?

> **D**ie Gruppe kann definiert werden als die Zusammenarbeit mehrerer Personen, durch funktionale Aufgabenteilung, klar geregelte Aufgabenzuordnung in Bezug auf den Prozess und das Ziel.

**109**

Die Gruppe handelt in Verantwortung für die Aufgabe und den Aufgabensteller. Verantwortung und Kontrolle können bei mehreren Personen und auf unterschiedlichen hierarchischen Ebenen liegen, deren Zusammenarbeit geregelt ist. Der Gruppenleiter muss nicht Gruppenmitglied sein.

Die Zusammenarbeit kann nebeneinander, zueinander und miteinander geregelt sein. Der Entscheidungsspielraum ist sehr stark begrenzt und die Regeln sind vorgegeben. Für Informationsaustausch kann es Informationseigner geben.

Konflikte in der Gruppe werden notfalls hierarchisch auf der nächsthöheren Ebene entschieden.

*Der wesentliche Unterschied zwischen Gruppen und Teams liegt im Grundsatz der Selbstorganisation:* im Ausmaß der Entscheidungsfähigkeit und Integration, dem Grad der Verantwortung für den Gesamtprozess, der Freiheit in der Lösungssuche und in der Durchführung, der Bestimmung und Kontrolle über den Prozess.

Teams, die von außen gesteuert werden, können diese Selbstregulation nicht erfüllen und sind besser als Gruppe zu bezeichnen. Sie arbeiten für jemanden, im Auftrag von jemandem und werden von jemandem verwaltet und organisiert.

Was haben eine Gruppe und ein Team gemeinsam?

◆ In beiden Organisationsformen wird zusammengearbeitet.
◆ Beide sind zielorientiert und koordiniert.
◆ In beiden sind Kompetenz im Wissen und den Fähigkeiten vorhanden.
◆ Beide regeln ihre Kommunikation horizontal.
◆ Beide haben gleichzeitige Aktivitäten.

Welche Bedingungen machen eine Gruppe zum Team?

◆ Die Gruppe addiert das Wissen und die Fähigkeit seiner Mitglieder durch die Organisationform der Teilverantwortung und folgt festgesetzten Regeln.
◆ Das Team vernetzt, entwickelt und erweitert durch die zirkuläre Organisationsform das Wissen und die Fähigkeiten der Mitglieder und hat Entscheidungsspielraum.
◆ Das Team hat die Planung, Durchführung, Verantwortung und Kontrolle in seiner Hand (Selbstorganisation); die Gruppe nicht.

## Notizbox:

### Zehn Regeln zur Durchführung erfolgreicher Teamsitzungen

**1. Beim Start erst einmal einen Fünf-Minuten-Plausch zur Begrüßung**

Wer zu angestrengt und gehetzt ist, wird seine Arbeit nicht kreativ gestalten können und seine Kollegen und Kolleginnen überhaupt nicht bemerken. Lächeln, freundliche Umgangsformen und Humor sind die Garanten für ein gutes Miteinander.

**2. Die Themen festlegen**

Achten Sie darauf, dass zunächst alle Themen benannt und vermerkt sind. Zeitdruck schafft manchmal für den Gesamtprozess unerwünschte Prioritäten.

**3. Klären, wer mit wem an welchen Themen arbeiten sollte**

Nicht alle Themen sind für das ganze Team bestimmt. Nicht jedes Thema ist für alle von Interesse. Nehmen Sie sich die Freiheit, Untergruppen zu bilden oder das Team zu verkleinern. Sie sparen Zeit und es kommt mehr dabei heraus. Stellen Sie sich die Frage: „Wer soll mit wem an was und mit welchem Ziel arbeiten?"

**4. Auf Spielregeln achten**

Will ein Team erfolgreich zusammenarbeiten, müssen Angst und Kritik schwinden. Führen Sie deshalb ein paar Spielregeln ein:

- Rahmenbedingungen abstecken
- Jede Idee wird ernst genommen
- Kein „aber"
- Fehler sind erlaubt, weil sie neue Informationen schaffen
- Nichts zurückhalten
- Freiheit zum Experiment und Alternativen
- Mit Interesse, Neugierde und Enthusiasmus
- Mit Humor und Hoffnung

**5. Gedanken und Ideen sichern und ordnen**

Bevor das Team oder die Untergruppen zu diskutieren beginnen, erst die eigenen Gedanken und Vorstellungen aufschreiben. So kommen Sie nicht so leicht durcheinander und vergessen nicht, was Sie selbst

111

wollten. Neue Gedanken gehen leicht verloren, weil sie noch unbekannt und manchmal unsicher sind, altes Wissen erstickt leicht „luftige" Ideen zum Nachteil der Kreativität.

**6.** **Was schon gesagt ist, braucht nicht ständig wiederholt zu werden**
Wenn sich die Redebeiträge wiederholen, dann sind alle neuen Ideen im Spiel, mehr Informationen können zu diesem Zeitpunkt nicht gewonnen werden. Machen Sie einen Schnitt, sonst laufen Sie Gefahr, gute Gedanken zu zerreden oder Koalitionen zu bilden: „Wer hält zu wem, welche Interessengruppe setzt sich durch?"

**7.** **Auf das Klima im Team achten**
Wenn Sie nicht immer wieder auch auf Ihr eigenes Zusammenarbeiten schauen, dann entgeht Ihnen, dass sich die Stimmung verschlechtert oder die Luft durch unterdrückten Ärger sich streitsüchtig auflädt, aber auch, dass bestimmte Interessen aus der Balance geraten. Wenn das Klima schlecht wird, machen Sie eine Veränderung, zum Beispiel eine Pause, ein persönliches Gespräch, ein privates Treffen. Gute Beziehungen müssen gepflegt werden. Lassen Sie keine Spielverderber zu. Wer die Luft verpestet, muss sich ändern oder gehen.

**8.** **Das Ziel im Auge behalten**
Fragen Sie sich regelmäßig, wie Ihr Standort in Bezug auf das Ziel ist. Oft wird das Ziel, wie beim Wandern oder Segeln, nur kreuzend gefunden. Nur wer sein Ziel kennt, findet den Weg.

**9.** **Regeln und Vorgehensweisen festlegen**
Wer keine Regeln festlegt, wird wie ein Blatt im Wind getrieben. Um entsprechenden Erfolg im Vorgehen zu haben, ist es wichtig, sich festzulegen, Regeln und Operationen konkret zu beschreiben. Das schafft Sicherheit und Überprüfbarkeit.

**10.** **Keine Angst vor Änderungen**
Im Laufe der Zeit treten Änderungen ein, die Sie berücksichtigen sollten. Wer zu starre Strukturen hat, kann sich nicht flexibel anpassen. Strukturen in Frage stellen oder bestimmte Vorgehensweisen bewusst zu unterlassen, schafft Raum für neue Kreationen.

# PROZESSORIENTIERTE PROJEKTORGANISATION

Mehr und mehr wird in der Durchführung von Aufgaben die Projektorganisation bevorzugt. Zwei Richtungen lassen sich unterscheiden: die technische/konventionelle Vorgehensweise und prozessorientierte Projektorganisation. In manchen Unternehmen ist die Projektarbeit als solche noch wenig verbreitet oder wird sogar abgelehnt.

Projektarbeit kann sich sehr unterschiedlich gestalten. Trotz größerer Unterschiede gibt es auch Gemeinsames, denn auch prozessorientierte Projektarbeit basiert noch allzu oft auf rein technischen Inhalten. Obwohl Projektarbeit in vielen Fällen zur optimalen Lösung großer Herausforderungen angesetzt wird, ist ihr Erfolg risikobehaftet, weil nicht alle Aspekte, die zum Gelingen beitragen können, berücksichtigt werden.

Im Sinne eines zukunftsorientierten Unternehmens ist die prozessorientierte Projektorganisation vorzuziehen, denn sie ermöglicht dynamische Veränderungen. Das Team muss sich so strukturieren, dass es von der Größe, Struktur und Kompetenz aktuellen Herausforderungen gewachsen ist und sich immer wieder neu ausrichten kann. Im Projekt wird das Team abteilungs- und fachübergreifend zusammengestellt, um das Wissen und die Kompetenz der Mitglieder zu vernetzen. Aktuelle Methoden für kurze Entwicklungs- und Produktionszeiten wie zum Beispiel Simultaneous Engineering, fordern die gleichzeitige Zusammenarbeit aller betroffenen Fachdisziplinen. Es soll nicht sequenziell, sondern gleichgerichtet gearbeitet werden. Trotz veränderter Aufgaben und „modernem Design" stellt man viel zu oft mit Erschrecken und meist zu spät fest, dass sich ganz schnell die bisherigen Unternehmensstrukturen in diesen Teams wieder gebildet haben. Das Projektteam ordnet sich in kürzester Zeit nach der aktuellen Ordnung des Unternehmens, selbst bei neu gestalteten Organisationformen in Form von Selbstähnlichkeit. Es gelingt nicht, den Simultaneffekt durch wechselseitige Ergänzung und Erweiterung der Kräfte und Fähigkeiten zu bündeln. Die Vielfalt des Wissens und der Informationen zu ordnen schafft zwei Konsequenzen, die im Unternehmen unzureichend gelöst werden und so aufeinanderprallen: die Spezialisten, die das Ganze nicht übersehen, aber immer mehr ins Detail gehen, und Generalisten, die das Ganze überblicken und dabei weniger wissen. Wie kann der Prozess der sich reproduzierenden Unternehmensorganisation und damit das

Abbilden alter Strukturen aufgebrochen werden? Wie lernen unterschiedlichste Menschen in Subsystemen voneinander? Wie wird Wissen kreiert und vernetzt?

Um Projekte erfolgreich zu managen, dürfen nicht zu viele unternehmensinterne Verbeugungen in der Zusammensetzung der Teams gemacht werden. Wie können Wissensträger unterschiedlicher Fachrichtungen ihr Wissen zusammentragen, die Vernetzung durchschauen und das Vorgehen zu einer hohen Qualität verdichten?

Wer ein Projekt zum Erfolg bringen will, kann sich nicht nur an den Zielen ausrichten. Der Weg dorthin ist ebenso zu bedenken. In Teams sollte die „Chemie stimmen". Das ist bekannt, jedoch werden die Konsequenzen bei der Projektorganisation nicht gezogen.

Wenn Teammitglieder nicht miteinander arbeiten können, sich ablehnen oder schlechte Erfahrungen (Kränkungen, krasse Vorurteile) haben, sind hohe Reibungsverluste die Folge. Ebenso bedeutsam ist es, das Team durch unterschiedliche Fachkompetenzen und durch unterschiedliche persönliche Qualitäten zu besetzen. Die Auswahl nach den Fachthemen ist zu eng gegriffen.

Weitere Fehler könnten sein: falsche Aufgabenstellung, zu große Unterschiedlichkeit in der Gruppe, die extreme Talente von Menschen fördert, aber auch ersticken kann. Wichtig sind Projektmitglieder, die sich nicht vor genauesten Analysen scheuen, aber auch welche, die Ziele in der Zukunft visualisieren können oder den Mut haben, quer zu denken und unbequeme Wege zu gehen. Auch hier gilt wieder: „Das Ganze ist mehr als die Summe seiner Teile". In der Vielfalt sollte auch die Fähigkeit innewohnen, zu integrieren und beweglich zu sein.

Die Aufgabenstellung und die Zielsetzung sollen die Zusammensetzung des Projektteams bestimmen. Dies ist eine Aufgabe, die von Management und Team gemeinsam zu gestalten ist. Ein gemeinsames Suchen, das mehr verlangt, als die technischen und organisatorischen Voraussetzungen zu schaffen.

Aber nicht nur die Kompetenzen, Strukturen und Beziehungen eines Teams entscheiden über den Erfolg von Projekten, sondern auch, wie das Vorgehen im Projekt geregelt ist. Ist die Aufgabe nur unzureichend benannt oder werden die Personen, die zur Lösung beitragen könnten, nicht systematisch genug erfasst, können damit die Ressourcen des Unternehmens in vielen Fällen nicht ausgeschöpft werden.

Manchmal fehlen auch Kompetenzen, die von außen hereingeholt werden müssten, um die Herausforderung bewältigen zu können. Dies verlangt Augenmaß und Führung.

**Abb. 25**    **Von der Hierarchie zu Teams**

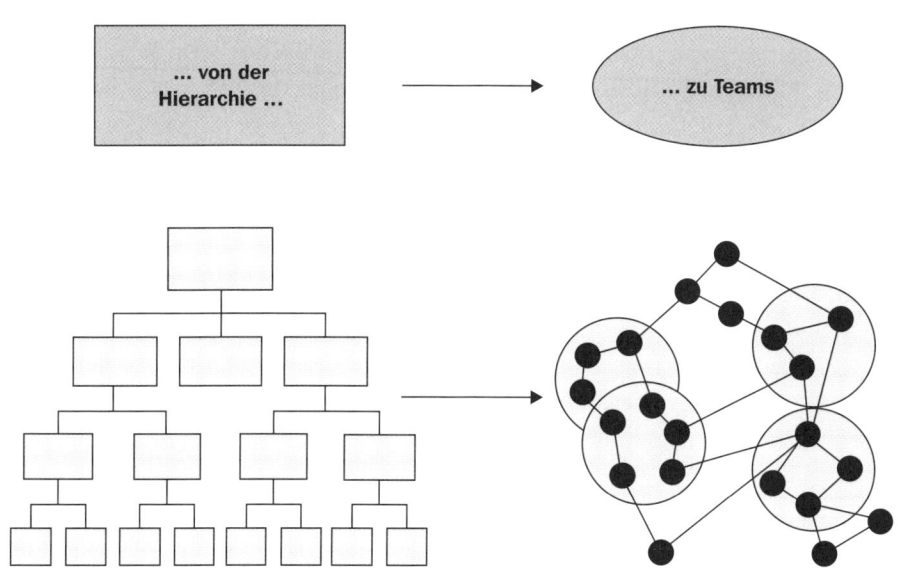

Deshalb ist es wichtig, zunächst zu klären:

◆ Gibt es einen klar umrissenen Auftrag, wer ist Auftraggeber?
◆ Steht die Unternehmensführung zum Auftrag und gibt Beistand und Hilfe?
◆ Ist alle Sachkompetenz vertreten, um qualifiziert arbeiten zu können?
◆ Ist die erforderliche Sozialkompetenz akzeptiert und vorhanden?
◆ Sind die zeitliche Verfügbarkeit und das persönliche Engagement aller Beteiligten vorhanden?
◆ Sind die Beziehungen nach innen und außen geregelt?

Selbst wenn Unternehmen zunehmend erkennen, dass weiche Daten gegenüber harten Fakten unterstützt werden, wird noch nicht entsprechend gehandelt. Grund dafür ist wohl die Angst, Beziehungen und ihre Dynamik nicht managen zu können. Unter Beachtung gewisser Regeln ist dies aber ohne weiteres möglich. Um weiche Fakten überhaupt erkennen zu können, benötigen Projektteams gemeinsame Zeit, um die Arbeit vorzubereiten, sowie gemeinsame Reflexion, um die Arbeit zu beurteilen, und gemeinsame Trainings für das nötige „Projekt-Know-how". Es muss Zeit dafür vorhanden sein, die konkreten Zielsetzungen verbindlich herauszuarbeiten und zu erörtern, wie sich Zusammenspiel und Vorgehen gestalten sollen. Oft wird erst bei Konflikten, Koalitionsbildungen und ersten Misserfolgen über die Beziehungen gesprochen. Dann ist oftmals das Kind schon in den Brunnen gefallen und man sucht nach Schuldigen. Entscheidend für diese Situation ist das vorrangige Bemühen um die harten Fakten. Es wird gerne Wissen zusammengetragen, es werden Aufgaben verteilt und in den Teams ermüden sich die Fachdisziplinen in gegenseitigen Berichterstattungen.

Bei prozessorientierter Projektorganisation ist das Hauptaugenmerk auf folgende Aspekte zu richten:

1. *Die notwendigen Fakten*, die den Auftrag definieren, quantifizieren, bewerten und Vorgaben liefern:
   - Ist die Projektvorbereitung technisch und organisatorisch auf dem aktuellen Stand?
   - Steht der Kundennutzen im Zentrum des Geschehens?
   - Sind die Kernprozesse herausgearbeitet?
   - Sind die kritischen Erfolgsfaktoren bekannt?

Zur sachlichen Vorbereitung gehört die Auseinandersetzung des Projektteams mit dem Nutzen für den realen Kunden. Ist der Auftrag, wie der Auftraggeber ihn versteht, genau definiert? Welchen Nutzen verspricht sich der Auftraggeber? Gibt es mehrere Auftraggeber oder „geheime", indirekt ausgesprochene Zusatzaufträge? Ist die Aufgabe mit den vorhandenen Mitteln, den Personen und in der Zeit lösbar? Was soll der Gesamtprozess erzeugen? Welche Fachdisziplinen müssen welche Arbeiten leisten? Welche Hauptprozesse sind nötig, wie werden diese von Nebenprozessen unterstützt?

2. *Die Strukturen*, die das Vorgehen ordnen, Grenzen definieren und Systeme oder Subsysteme zuordnen:
   - Ist das Projekt nach innen und außen abgegrenzt?
   - Ist die Zusammenarbeit sachbezogen und auf Konsens ausgerichtet?
   - Ist das Projekt aufs Ganze geordnet?

Die Komplexität von Projekten erfordert die Definition der Beziehungen. Sind bereichsübergreifende Teams am Projekt beteiligt, muss ihre Zusammenarbeit zum Beispiel durch ein Lenkungsteam geregelt sein. Jedes Projektmitglied muss sich über die Aufgabe und über die Zusammenarbeit klar sein. Bei zu sequenziellem Vorgehen treten oft Störungen an den Schnittstellen auf, sodass Teiloptimierung betrieben wird. Die einen warten auf die anderen, die Prozesse verzögern sich und die Störungen werden meist auf der Beziehungsebene abgehandelt. Wird das Projekt ganz auf den Kundennutzen des Auftraggebers ausgerichtet und ist sich jeder dieser Aufgabe sehr bewusst, werden unbürokratisch Lösungen gefunden, statt in Bereichs- und Kompetenzgezänke zu verfallen.

3. *Die Regeln*, die einen Rahmen für die Zusammenarbeit ermöglichen, konkret festlegen:

- ◆ Auf das zukünftige Soll orientiert.
- ◆ Kooperativ und direkt.
- ◆ Ständiges Lernen und Verbessern.
- ◆ Bereit zu Konsequenzen.

Sind die zu erbringende Leistung, das Produkt, der zu erreichende Zustand konkret erfasst und beschrieben, dann ist das Projektteam auf dieses Soll ausgerichtet. Alle Haupt- und Nebenprozesse werden an dem zu erreichenden Soll gemessen. Aus speziellen Teilergebnissen können sich Lösungen ergeben haben, die sich auch für andere Herausforderungen im Unternehmen generalisieren lassen. Dazu müssen gute Lösungen kommuniziert werden und Interesse an gefundenen Lösungen bestehen. Die gewonnenen Lösungen stehen auch für andere Aufgaben zur Verfügung. Dies verlangt jedoch, dass dieses Lernen und Verbessern kommuniziert und anderen zugänglich gemacht wird. Damit lernen Fachdisziplinen voneinander, aneinander und finden unerwartete sowie ungewöhnliche Lösungen.

4. *Die Beziehungen* regeln, Aufgaben verteilen und Verantwortung klären.

- ◆ Auf die Mitglieder ausgerichtet.
- ◆ Interdisziplinär.
- ◆ Fachlich und sozial kompetent.
- ◆ Verantwortlich.

117

Wird im Projektteam nicht nur über sachliche Fragen und Aufgabenstellungen gesprochen, sondern werden auch die Beziehungen untereinander und zueinander definiert, so können frühzeitig Vorurteile und Missstimmungen wahrgenommen und behoben werden, deren Konsequenzen sich sonst erst als Stresssymptome zeigen. Es ist sehr hilfreich, direkt und ohne falsche Höflichkeit danach zu fragen: „Gibt es irgendwelche Vorbehalte oder Einwände zu Personen? Hat es bereits negative Erfahrungen in anderen Projekten gegeben?" Meist sind diese Abgrenzungen zwischen Personen oder Fachdisziplinen bekannt und sollten in ihrer Wirkung auf die Zusammenarbeit geprüft werden. Zum Beispiel: „Sehen Sie das als Hindernis?", „Können wir das überwinden?" Genauso wichtig ist die Verantwortung jedes Projektmitgliedes. Wer das gemeinsame Ziel nicht kennt und nicht die eigene Verantwortung für das Gelingen, wird die Verantwortungen den anderen zuschieben: „Ist nicht meine Aufgabe". Manchmal liegt es auch an falsch verstandener Projektleitung. Es wird zugearbeitet statt miteinander gearbeitet. Ein weiterer Punkt ist ein im Vordergrund stehendes, subjektives Interesse statt die Suche nach einer Problemlösung. Man erkennt es an den Ritualen von Rede und Gegenrede, Angriff und Rechtfertigung oder den endlosen Diskussionsbeiträgen. Je komplexer die Aufgabe, umso komplizierter ist oft das Entscheidungsritual. Statt die Phase des „Suchens" nach einer Lösung auszuhalten und nicht gegeneinander zu arbeiten, werden schnelle (faule) Kompromisse gefunden, die manchmal Probleme erzeugen, statt sie zu lösen. Sind Entscheidungen gefallen, werden sie nicht akzeptiert, sondern es beginnt eine neue Schleife, die sich mit der Lösung des selbst geschaffenen Problemes beschäftigt, die Phase der Ausbesserung. Viel Einfluss hat hier das Argument vom Zeitverbrauch. Eile und Ungeduld führen jedoch in der Durchführung zu Fehlern und Nachbesserungen, die gesparte Zeit hat dann mehr Zeit gekostet.

Teams, die bereits in Projekten arbeiten, sollten sich die folgenden Fragen beantworten:

---

**Notizbox:**

| | |
|---|---|
| „Was sind die Aufgaben und das Ziel? Wer leistet welchen Beitrag und wie leistet er ihn?" | Strategien und Regeln für eine „Lernende Projekt-Organisation" |
| „Sind wir schon eine erfolgreiche Mannschaft?" | Muster und Regeln der Zusammenarbeit |
| „Um erfolgreich zu sein, was ist unbedingt nötig, was ist auf jeden Fall zu unterlassen?" | Erarbeiten konkreter Strukturen im Projekt |
| „Wie reden und arbeiten wir miteinander? Über was reden wir nicht, müssten wir aber reden? Wie kommt es zu Entscheidungen und wie lösen wir Interessenunterschiede?" | Veränderung zu Kooperation und Konfliktmanagement |

---

Um Projektorganisation neu zu gestalten und nicht alte Strukturen zu übertragen, sind einige Bedingungen und Freiräume zum Erreichen von multidynamischen Strukturen von großer Bedeutung.

Erfolgsfaktoren für prozessoptimiertes Projektmanagement sind:

- Frühzeitiges Einbinden und Erbringen von Leistungen der unterschiedlichen Fachkompetenzen.
- Gegenseitige Beteiligung an gewonnenen Erkenntnissen (und damit Wertschöpfung an Informationen).
- Gemeinsame Ausrichtung auf das Ziel und den Kunden.
- Einigung auf ein gleiches Modell und damit gleiches Vorgehen.
- Trainieren neuer Verhaltensweisen.
- Gestalten der Beziehungen im Team.
- Aus neuen Erkenntnissen lernen und Konsequenzen ziehen.

119

**Abb. 26**   Projektorganisation lernen

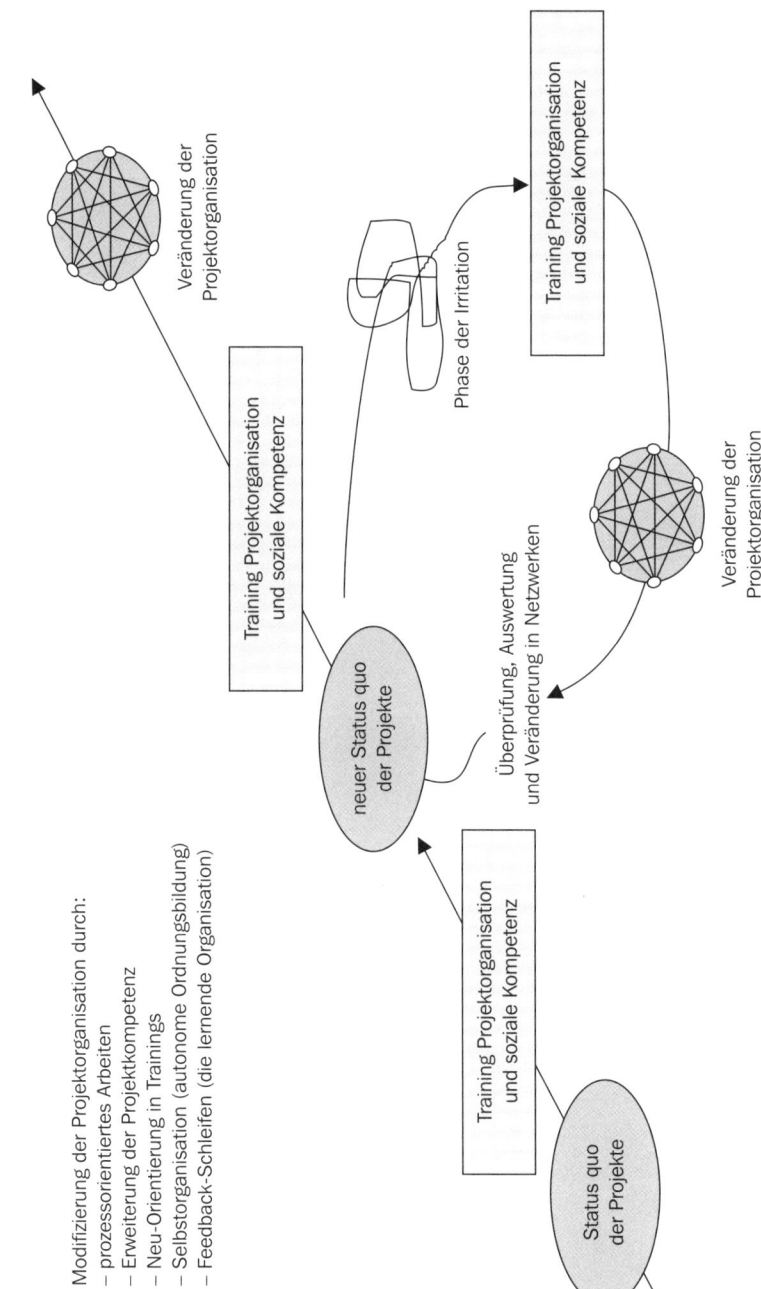

Veränderung der
Projektorganisation

Training Projektorganisation
und soziale Kompetenz

Phase der Irritation

Training Projektorganisation
und soziale Kompetenz

neuer Status quo
der Projekte

Überprüfung, Auswertung
und Veränderung in Netzwerken

Veränderung der
Projektorganisation

Modifizierung der Projektorganisation durch:
– prozessorientiertes Arbeiten
– Erweiterung der Projektkompetenz
– Neu-Orientierung in Trainings
– Selbstorganisation (autonome Ordnungsbildung)
– Feedback-Schleifen (die lernende Organisation)

Training Projektorganisation
und soziale Kompetenz

Status quo
der Projekte

**Abb. 27** **Wie werden Verhaltensänderungen erreicht?**

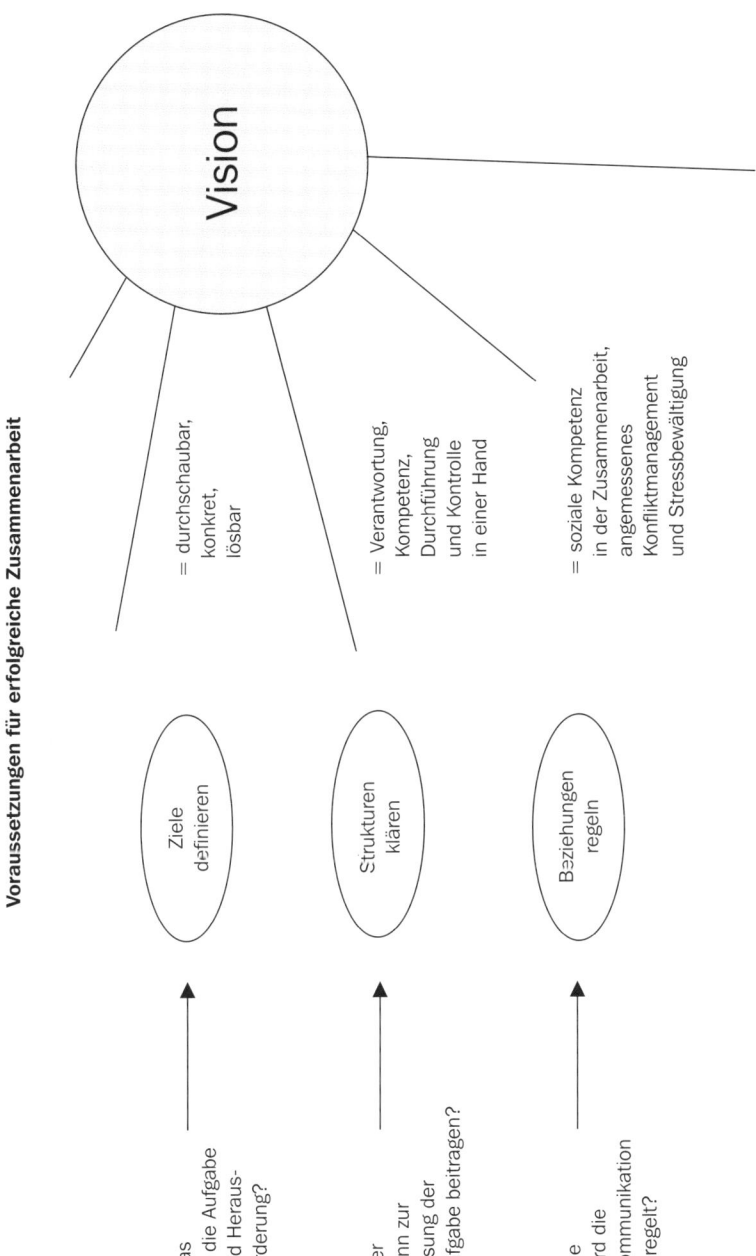

Voraussetzungen für erfolgreiche Zusammenarbeit

Vision

= durchschaubar, konkret, lösbar

= Verantwortung, Kompetenz, Durchführung und Kontrolle in einer Hand

= soziale Kompetenz in der Zusammenarbeit, angemessenes Konfliktmanagement und Stressbewältigung

Ziele definieren

Strukturen klären

Beziehungen regeln

Was ist die Aufgabe und Herausforderung?

Wer kann zur Lösung der Aufgabe beitragen?

Wie wird die Kommunikation geregelt?

# *E*INBEZIEHEN DER MITARBEITER

Werden Mitarbeiter als Teil des Unternehmenserfolges gesehen, dann ist die Unternehmensführung regelmäßig und kontinuierlich an einem Austausch mit den Mitarbeitern interessiert. Das Management wird wissen wollen, wie die Mitarbeiter über das Unternehmen, über die Leistungen, die Kunden, die Vorgesetzten, die Zusammenarbeit und Verantwortung denken. Das kann in persönlichen Gesprächen geschehen, in Teamgesprächen, in Abteilungsgesprächen, in Hearings. Alles hat seine Vor- und Nachteile. Die Mitarbeiterbefragung sollte genauso zum Standard gehören wie die regelmäßigen Kundenbefragungen. Befragungen der Mitarbeiter – egal in welcher Form – sind nur nützlich, wenn die Unternehmensführung bereit ist, das Gehörte interessiert aufzunehmen, zu beachten und Konsequenzen daraus abzuleiten.

## ■ Mitarbeiterbefragung

Viele Unternehmen suchen nach einer Möglichkeit, ihre Mitarbeiter zu aktuellen Prozessen zu befragen. Befragungen sind aber nur nützlich, wenn die geschaffenen Informationen zu einer Weiterentwicklung dienen können. Die meisten Befragungen sind wie andere Programme nur auf Teilaspekte ausgerichtet, sie erfassen nie das Transaktionsfeld, in dem Mitarbeiter mitwirken. Übliche Fragenkomplexe sind Arbeitsplatz, Verhältnis zu Vorgesetzten und Kollegen, persönliche Möglichkeiten im Unternehmen, die Zusammenarbeit, die Organisation, Vorgesetzten-Beurteilung etc.

Die Beziehungen zum Kunden, zum Produkt, zur Einflussnahme, zur Autonomie oder dem Unternehmenserfolg bleiben heute noch meist unberücksichtigt. Damit werden aber die Ressourcen der Mitarbeiter und ihr persönliches Wissen nicht abgefragt. Das Unternehmen verzichtet auf wertvolle Erkenntnisse von sehr gründlichem Detailwissen. Das hat natürlich Gründe: Wer gefragt wird, will auch mitreden und wird wissen wollen, was aus den Erkenntnissen geworden ist. Wer Mitarbeiter und Kunden nur fragt, weil es dazugehört, wird beim nächsten Mal verärgerte und unwillige Menschen antreffen. Manchmal werden Mitarbeiterbefragungen auch mit Argwohn beäugt, weil der eine über den anderen befragt wird, die Konsequenzen nicht klar sind und Arbeitnehmer nicht wissen, ob es nicht zu ihrem Schaden ist.

Welche Bereiche muss eine Befragung beinhalten, um das Transaktionsfeld zu erfassen und nicht in der Teilbetrachtung stecken zu bleiben? Ein Beispiel für einen Fragebogen finden Sie auf den folgenden Seiten. Fragebögen sollten nach dem Ziel der Befragung ausgerichtet sein. Personalmanager sind recht dankbar, wenn ihnen ein fertiger Fragebogen zur Verfügung steht. Denn die Ausrichtung ist meist aktionsorientiert, sie ist nicht Teil einer langfristigen Unternehmensorientierung.

Erst im Verbund einer systemischen Ausrichtung wird es wichtig, alle Aspekte des Geschehens im Unternehmen auch aus der Beurteilung der Mitarbeiter kennen zu lernen und als Feedback zu nutzen, um sich daraus ergebende Konsequenzen umzusetzen. Die Resultate der Mitarbeiterbefragung müssen eingebunden sein in den allgemeinen Dialog und in die Diskussion zur Geschäftslage, in direkte Gespräche mit Mitarbeitern, zum Beispiel in gemeinsamen Workshops von Bereichen, Abteilungen oder aber von Projekten. Die Resultate müssen in die unternehmerischen Prozesse einfließen und von dort aus den Wandel beeinflussen.

Wie bei Kundenbefragungen besteht bei negativen Feedbacks die Gefahr der direkten oder indirekten Zurückweisung der Ergebnisse. Wir müssen uns davon lösen, Feedbacks als *Benotungen* zu sehen. Wird das Ergebnis zurückgewiesen, heruntergespielt und bleibt es ohne Konsequenzen, werden an der nächsten Befragung weniger Mitarbeiter teilnehmen, weil die Resonanz unbefriedigend war. Auch ist es wichtig, das Ergebnis mit Neugierde und Interesse zu lesen und ernst zu nehmen. Wen das Ergebnis nicht interessiert, wer keine Konsequenzen daraus ableitet, braucht auch die Mitarbeiter nicht zu befragen.

**Notizbox:**

Mitarbeiterbefragung zu

1. Fragen zum direkten Arbeitsplatz und zur Zusammenarbeit.

2. Fragen zu den Kundenbeziehungen.

3. Fragen zum Unternehmen und den Produkten.

Aus den Unterschieden zwischen der Wichtigkeit und den tatsächlichen Gegebenheiten kann man die Notwendigkeit zur Veränderung ablesen.

# 1. Fragen zum direkten Arbeitsplatz und zur Zusammenarbeit

◆ Wie bewerten Sie die Qualität Ihrer Arbeitsaufgabe/Arbeitsinhalt (zum Beispiel: abwechslungsreich, umfassend, ganzheitlich)?

◆ Wie bewerten Sie die Möglichkeit der Übernahme von Verantwortung in Ihrem Aufgabengebiet?

◆ Wie schätzen Sie den Grad der Selbstständigkeit in Ihrem Aufgabengebiet ein?

◆ Wie schätzen Sie den Grad der Entscheidungsfreiheit in Ihrem Aufgabengebiet ein?

◆ Besteht die Möglichkeit nicht zeitgebundener Aufgabenabarbeitung?

◆ Wie beurteilen Sie die Arbeitsumwelt (zum Beispiel: Beleuchtung, Lärm, Raumklima)?

◆ Wie beurteilen Sie die Möglichkeit der flexiblen Arbeitszeitgestaltung?

◆ In welchem Maß können Sie Ihre Kenntnisse und Fähigkeiten im Unternehmen verwenden?

◆ Welche Möglichkeit zur Erweiterung Ihrer vorhandenen Kenntnisse und Fähigkeiten haben Sie?

◆ Wie beurteilen Sie die Möglichkeit des beruflichen Aufstiegs?

◆ Wie beurteilen Sie die Möglichkeit der beruflichen Weiterbildung?

◆ Wie wichtig ist für Sie das Minimum an nervlicher Überlastung?

◆ Wie wichtig ist für Sie die Entlohnung und leistungsgerechte Bezahlung?

◆ Wie wichtig ist für Sie die Möglichkeit der möglichst reibungslosen Kommunikation und Kooperation?

◆ Wie beurteilen Sie die Möglichkeit im Team zu arbeiten?

◆ Wie beurteilen Sie das Verhältnis zu Kolleginnen und Kollegen?

◆ Wie beurteilen Sie die Anerkennung der von Ihnen geleisteten Arbeit durch die Kollegen?

◆ Wie beurteilen Sie das Verhältnis zu Vorgesetzten?

◆ Wie beurteilen Sie die Anerkennung der von Ihnen geleisteten Arbeit durch den Vorgesetzten?

◆ Wie beurteilen Sie das persönliche Gespräch mit dem Vorgesetzten?

◆ Wie beurteilen Sie das Besprechen von Schwierigkeiten im alltäglichen Arbeitsprozess mit dem Vorgesetzten?

◆ Wie beurteilen Sie das Einbeziehen in wesentliche Entscheidungsprozesse und die Information durch den Vorgesetzten?

◆ Wie beurteilen Sie die Förderung bei Teamaufgaben und Teamprozessen durch den Vorgesetzten?

◆ Wie beurteilen Sie die Möglichkeit zu direkten Konfliktlösungen?

## 2. Fragen zu den Kundenbeziehungen

◆ Wie bewerten Sie die Ausrichtung des Unternehmens auf den Kunden?

◆ Wie bewerten Sie die Kenntnis des aktuellen Kundenstammes?

◆ Wie bewerten Sie die Kenntnis der Produkte der Kunden und der Märkte der Kunden?

◆ Wie bewerten Sie die Information und das Gespräch (Diskussion) über Marktsituation und Tendenzen?

◆ Wie bewerten Sie die Information und das Gespräch (Diskussion) über zukünftige Märkte und Marktstrategien?

◆ Wie bewerten Sie die Information und das Gespräch (Diskussion) über das, was die Kunden über das Unternehmen denken?

◆ Wie bewerten Sie die Kenntnis und das Gespräch (Diskussion) über das, was die Kunden von Ihnen wollen?

◆ Wie wichtig ist für Sie die Möglichkeit mit dem Kunden auch im Team zusammenzuarbeiten?

◆ Wie wichtig sind für Sie die Freiräume in der sachgerechten Bearbeitung von Kundenbeschwerden?

## 3. Fragen zum Unternehmen und den Produkten

◆ Kennen Sie die Information und das Gespräch zu Visionen, Zielen und Strategien des Unternehmens?

◆ Kennen Sie das Vertrauen der Öffentlichkeit in die aktuelle und zukünftige Leistung des Unternehmens?

◆ Wie wichtig ist es für Sie, sich mit den Zielen und Produkten des Unternehmens zu identifizieren?

◆ Wie beurteilen Sie das Interesse der Unternehmensführung an den Einschätzungen, Beurteilungen und Vorschlägen der Mitarbeiter?

◆ Wie beurteilen Sie die Möglichkeit, aktiv an Verbesserungen mitzuarbeiten?

◆ Wie beurteilen Sie die direkte Umsetzung von Verbesserungsvorschlägen (Reaktionsgeschwindigkeit)?

◆ Wie beurteilen Sie das direkte Einbeziehen der Fähigkeiten der Mitarbeiter in Problemlösungen?

◆ Wie beurteilen Sie das direkte Gespräch der Unternehmensführung mit den Mitarbeitern?

◆ Wie beurteilen Sie die Einschätzung der eigenen Einflussnahme auf den Unternehmenserfolg?

◆ Wie beurteilen Sie das Vertrauen in die mitarbeiterorientierten, sozialen Leistungen des Unternehmens?

# MUSTERVERÄNDERUNG IM KONKRETEN VERHALTEN

In Unternehmen wird die Veränderung von konkretem Verhalten als das größte Problem angesehen. Was bewegt Menschen zu Veränderungen? Ist es ein Motiv, sind es Emotionen, sind es materielle Anreize? Geht es um die Veränderung von Personen oder um Beziehungsnetze? Es stellt sich die Frage, ob es überhaupt wirksame Maßnahmen gibt, um gewachsene Strukturen in Unternehmen und Organisationen zu verändern? Sind alte Verhaltensweisen so durchschlagend, dass sie wie ausgetretene Trampelpfade wirken? Sind Strukturen nur durch deren komplette Auflösung zu verändern? Sind Veränderungen per Anweisung von außen nutzlos? Wesentliche Fragen, die sich in der Praxis immer wieder stellen, vor allem, wenn sich trotz großer Anstrengungen keine Veränderungen ergeben oder sich nach gutem Start dennoch alte, unerwünschte Verhaltensweisen einschleichen. Können Firmenstrukturen verändert werden, wenn informale Strukturen die Kommunikationswege in der Organisation bestimmen? Aus der Erkenntnis über die Selbstorganisation von Systemen wissen wir, dass Systeme versuchen, sowohl Stabilität aufrechtzuerhalten als auch Organisationsformen weiterzuentwickeln. Damit haben wir zwei gegensätzliche Verläufe: Stabilität und Veränderung. Als Systeme sind hier Personen, Gruppen, Organisationen oder Kulturen gemeint. Die Überlebensfähigkeit eines Systems hängt wesentlich von der Fähigkeit ab, sich als zusammenhängende Einheit zu erhalten, in der Lage zu sein, zu lernen und seine interne und logische Organisation zu verändern. Systeme, die an starren, ehemals erfolgreichen Mechanismen der Aufrechterhaltung und des Gleichgewichts festhalten, werden dysfunktional.

Was heißt das alles für die Menschen und deren Beziehungen? Menschen bilden in Beziehungen Muster und Regeln. Muster sind regelhafte Abläufe von Ereignissen und Gesetzmäßigkeiten im Verhalten. Stabilität wird vor allem durch wiederkehrendes Verhalten erreicht und erhalten. Verhalten zeigt sich in spezifischen Transaktionen, die ihre Bedeutung in bezug auf Raum, Zeit und Kontext erfahren und somit fester Bestandteil des Umgangs miteinander sind (in Abbildung 28, Bild 1, als ein „typischer Verlauf" gekennzeichnet). Die Muster dienen der Vorhersagbarkeit und damit dem Erhalt von Strukturen. Derart typische Verläufe erkennt man daran, dass Verhalten im Kontakt zu bestimmten Personen fast vorhersagbar wird. Obwohl man sich vornimmt, bestimmte Themen oder Verhalten zu meiden, ist man schnellstens wieder im alten Fahrwasser. Die Entscheidung zu einem bestimmten Verhalten ist die Auswahl aus Möglichkeiten, die zu diesem Zeitpunkt ebenfalls zur Verfügung gestanden hätten (Abbildung 28, Bild 2). Diese Möglichkeiten werden durch redundantes Verhalten immer mehr ausgeschlossen, sodass aus einem anfänglichen Pfad schließlich eine gut ausgebaute Autobahn geworden ist. In dieser statischen Umgebung werden stabile Regelkreise aufgebaut, Störungen gleichen sich aus, Lernen ist nicht erfolgreich. Die einmal gebildeten Strukturen schließen neue Informationen und Veränderungsanforderungen immer mehr aus.

Die Vielfalt eines Unternehmens, eines Teams, einer Gruppe oder zwischen Menschen stellt jedoch noch sehr viel mehr Möglichkeiten zur Verfügung, Situationen anders zu sehen, sie anders zu erklären, andere Bereiche zu betonen, Felder zu verlassen und andere Bedingungen zu schaffen (Abbildung 28, Bild 3). Unternehmen sind fortlaufend genötigt, sich auf eine ständig wandelnde Umwelt einzustellen. In ihrer Flexibilität zeigt sich die multiple Stabilität und inwieweit sie sich als lernende Organisation verhalten können.

Sehr häufig wird Veränderung dadurch eingeleitet, dass den Unternehmen Änderungen im Verhalten und in der Struktur vorgeschlagen werden oder sie die Anweisung zu solchen Änderungen erhalten. Unterschiedliche Managementkonzepte und Unternehmensberater unterstützen dies mit entsprechenden Vorschlägen. Die Erfahrung aus erfolgreichen Veränderungen zeigt jedoch, dass hier wesentliche Probleme im Veränderungskonzept und in der Durchführung stecken. Häufig besteht der Anspruch an Veränderung, von vorneherein zu wissen, was für die Organisation besser wäre. Die Erfolge dieser Interventionen sind jedoch nur Anleihen von Erfahrungen aus anderen Unternehmen und anderen Veränderungsprozessen. Ohne wirklich zu wissen, was richtig wäre, greift man auf Ergebnisse zurück, die nur annähernd der eigenen Situation entsprechen.

Obwohl gerade Berater versprechen, maßgeschneiderte Konzepte zu erarbeiten, wiederholen sie oft nur bereits bekannte Lösungen. Die angemessensten Möglichkeiten einer Veränderung kommen häufig aus dem System selbst. Sie entstehen aus dem Experimentieren, dem Prüfen, ob das Neue besser oder schlechter ist. Erst danach kann entschieden werden, welche Neuerungen und Regeln einzuführen sind.

Um in einem Bereich individuelle, kreative und unerwartete Lösungen zu entwickeln, gibt es ein hilfreiches und wirkungsvolles Vorgehen. Es kommt darauf an, bestimmtes Verhalten, das als störend, falsch und/oder hinderlich angesehen wird, konsequent zu unterlassen (Abbildung 28, Bild 4). Das Ziel ist, ein spezifisches Verhalten zu unterbrechen, um dadurch Freiräume zu erreichen. Bestimmtes Verhalten zu unterlassen kann ein System zu einer radikalen Musterveränderung bringen, in dem etwas Neues ausprobiert werden muss. Damit ist der Weg für neue Erfahrungen, neue Informationen, neue Erkenntnisse und neue Lösungen frei. In dieser Zeit sind Turbulenzen und Irritationen zu erwarten, die jedoch ausgehalten werden müssen, bis Erfahrungen vorliegen. Gerade wegen der gefürchteten Turbulenzen wird dieser Weg nur sehr ungern begangen, weil er Kontrollverlust bedeutet. Kontrollverlust kann nur durch den Glauben an die Fähigkeiten der Innovation und Führung ausgehalten werden. Je schwächer das jeweilige Selbstbewußtsein, desto größer der Wunsch nach Kontrolle.

Die durch Freiräume gefundenen Lösungen werden allgemein als „maßgeschneidert" empfunden, weil sie aus dem entsprechenden System selbst entwickelt wurden. Sie ermöglichen Systemen durch eine Erweiterung der Komplexität zu überleben. Sie sind damit in der Lage, aus sich heraus Strukturen zu verändern.

Folgende Vorgehensweisen sind zu beachten, wenn Musterunterbrechungen erzielt werden sollen:

1. Das typische Transaktionsmuster beschreibt: Welche Regeln hat das „Spiel"?
2. Herausfinden, welche Möglichkeiten zu einem bestimmten Zeitpunkt noch zur Verfügung stehen oder gestanden haben. Auch zum „Zeitpunkt X" stehen in aller Regel mehrere Möglichkeiten zur Verfügung, die mehr oder weniger bewusst außer Acht gelassen werden.
3. Erweiterung auf sonstige Möglichkeiten, andere Erklärungen, neue Informationen und Erfordernisse oder Lösungen, die in anderen Bereichen gefunden werden. Das bewusste Suchen nach Optionen, die nicht nur „Entweder-oder-Lösungen" erlauben, sondern Alternativen darstellen.

| **Abb. 28** | **Verhaltensmuster verändern** |

**Schritte im Eröffnen eines kreativen Feldes
im Veränderungsprozess**

Beschreibung des Transaktionsfeldes und der bevorzugten
Transaktionsmuster

Welche Optionen
stehen zur Verfügung?

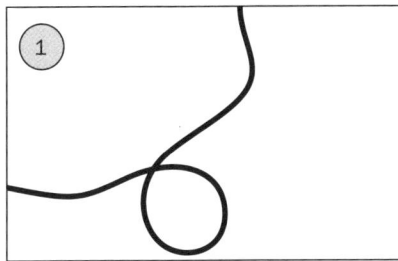

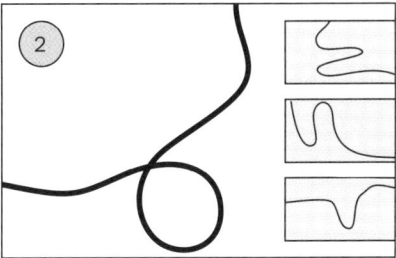

Erweiterung der Land-
karten und Landschaften

Unterbrechung der Muster,
Veränderung etablieren

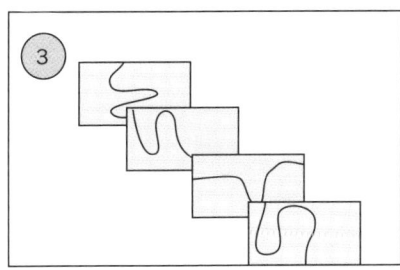

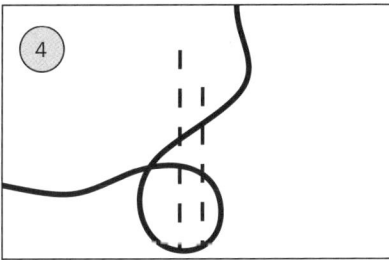

Neues Erproben und
neue Strukturen bilden

Fokus auf die
entstandenen
Veränderungen
legen, die neutral
zu bewerten sind

4. Interventionen, die Verhaltensänderungen ermöglichen, zum Beispiel Unterbrechung der typischen Verhaltensmuster und Vorgehensweisen für eine bestimmte Zeit etc.

5. Neue Wege beschreiten, Erfahrungen machen. Selbstreferierend, rückbezüglich und zirkulär Erfahrungen messen und auswerten.

6. Neue Regeln festlegen.

Der größte Fehler wird bei negativen Ergebnissen gemacht. Meist finden nur positive Erfahrungen unsere Beachtung, während negative als Kursabweichung missverstanden werden. Jedoch besteht die Kunst der Veränderung in dem neutralen Umgang mit Erfahrungen. Wir sollten sie nicht in positiv oder negativ spalten, sondern den gemachten Erfahrungen Beachtung schenken und von dort aus weitergehen. Gerade der kreative Prozess, so zeigen uns Berichte von erfolgreichen Forschern und Wissenschaftlern, verläuft in vier Stadien:

1. Vorbereitung: Intensives und bewusstes Bemühen, ohne die Lösung schon sehen oder greifen zu können.

2. Innehalten, sich mit anderen Fragestellungen beschäftigen, damit die Lösung nicht erzwungen wird.

3. Erleuchtung, plötzliche Erkenntnis, die wie ein Geistesblitz, ein „Ein-Fall" erlebt wird, jedoch nur den Vorbereiteten trifft.

4. Überprüfen der Brauchbarkeit und Ausarbeiten, Erweitern, Vertiefen, Differenzieren. Es werden wichtige Veränderungen vorgenommen, die jedoch den Charakter des Einfalls nicht ändern (Fokus der Veränderung).

# AUSWIRKUNG VERÄNDERTER UNTERNEHMENSKULTUR AUF MANAGER UND MANAGEMENT

## Neue Unternehmenskultur braucht andere Manager

Neues Denken und das Aufrechterhalten alter Strukturen reiben sich aneinander durch Vorstellungen und Erwartungen an die Führungsaufgaben und das Führungsverhalten von Managern. Vielerorts gleichen die Anforderungen einer Doppelbindung, sich an widersprechende Anweisungen zu halten oder direkt und indirekt geäußerte gegensätzliche Werte gleichzeitig erfüllen zu müssen. In der Praxis werden seltsame Blüten ausgetrieben. Einerseits will man die durchsetzungsstarke „Führungspersönlichkeit" und andererseits den Coach, den Berater, den Mitarbeiter in Team- und Projektmanagement. Die sich gegenseitig ausschließenden Anforderungen heißen:

1. „Setz dich durch!" und
2. „Begleite und unterstütze!"

Deutlich wird es auch in den Organigrammen der Unternehmen, die immer noch in Hierarchien und Kästchen gegliedert sind, wenn auch schlanker und damit in weniger Ebenen. Verantwortung ist in Kästchen geordnet und persönlich zugeteilt. Selten bilden Organigramme Prozess- oder Projektorganisation ab. Diese Formen sind der Aufgabenbewältigung vorbehalten und sind kein Führungs- und Organisationsprinzip. Auch im Vorgehen werden diese Widersprüche sichtbar. Die hierarchische Führung als Einzelverantwortung wird in die Teams und Projekte hineingetragen und ordnet dort das Vorgehen. Gleichzeitig beklagen sich Projektleiter, dass Teammitglieder nicht entsprechend der Teamidee handeln, sondern auf ihre Anweisungen warten. Mitarbeiter verhalten sich jedoch konsequent zu den vorgelebten Spielregeln der Manager.

Lösungen wie die Metapher „die Führungspersönlichkeit als Coach" wurden erfunden. Dieser Begriff wird dem Training von Spitzensportlern entliehen und hat dort ganz andere Konsequenzen als in den Unternehmen. Im Sport bedeutet dies, der Coach trainiert, berät, begleitet seinen Schützling und versucht, dessen

Leistungen optimal zu verbessern. Der Coach hat Erfahrung im Feld und beherrscht das Geschäft der psychologischen, strategischen und didaktischen Unterstützung perfekt. Der Sportler vollbringt eine Leistung, die es zu verbessern gilt. Der Coach fühlt sich der Leistungssteigerung seines Schützlings verpflichtet. Sieg oder Niederlage werden an den Coach gekoppelt. Verbessert sich der Sportler nicht, trennt er sich von seinem Coach, weil dieser seine Kompetenzen nicht zu steigern vermochte.

Eine andere Metapher moderner Führung ist die „Führungspersönlichkeit als Berater". Auch dieser Begriff ist einem anderen Wirkungszusammenhang entliehen. Der Berater verhilft seinem Klienten zu Einsichten und Erkenntnissen über sich selbst, seine Strukturen und seine Beziehungen. Im Unterschied zum Coach (vgl. Osterhold/Lenz, 1993) fühlt sich der Berater nicht direkt für die Veränderung verantwortlich. Auch wenn er durch die Beratung an der Umsetzung mitwirkt und für die Selbsterkenntnis der Klienten und deren Ideenfindung zuständig ist, liegt die Durchführung der Veränderungen bei den Klienten. Verbessert sich die Situation der Klienten nicht, wird der Berater die Probleme dem Unvermögen oder der Nichtentschiedenheit seines Klienten und nicht seiner Beratung anlasten. Die Klienten bedienen sich der Beratung. Konnten die Ideen des Beraters nicht umgesetzt werden, wird der Berater durch einen anderen Berater ersetzt oder die Klienten machen in eigener Verantwortung weiter, weil sie es sich alleine zutrauen.

Ganz anders die Regel, wenn der Manager versucht, seine Führungsaufgabe in der Rolle als Coach oder Berater wahrzunehmen, und versagt. Der „Coach oder Berater" trennt sich von Mitarbeitern und vom Team oder lastet ihnen das Versagen an, weil sie seine Erfordernisse nicht erfüllen konnten. Die Verantwortung für das Misslingen wird versucht, auf die nächstuntere Hierarchie-Ebene zu tragen, und wird weder dem Manager direkt zugeordnet noch als gemeinsamer Prozess verstanden. Das Endergebnis ist meist ein Aufguss: die Rückkehr zur alten, autoritären Gangart. Diese Manager sind selbst nicht überzeugt und sind auch nicht überzeugend. Sie haben durch mangelnde Ausbildung neues Verhalten nur unzureichend gelernt. Zusätzlich entpuppt sich, dass die neuen, antrainierten Verhaltensweisen auch nicht der inneren Überzeugung und Haltung entsprechen, sondern nur oberflächlich angenommen und zur Schau getragen werden. Bei ersten Schwierigkeiten wird nur allzu gerne auf Althergebrachtes zurückgegriffen.

Es ist vor allem der Kontrollverlust, der Verantwortlichen in Unternehmen Angst macht und diesem Verhalten einen tieferen Sinn gibt. Bei allen Innovations-, Kreativitäts-, Vernetzungs- und Prozessgedanken wird dieser Widerspruch von Linienverantwortung und Prozesshandeln nur unzureichend gelöst. Die Modelle für systemisches Denken, Selbstorganisation und Chaostheorie werden erst ganz bescheiden umgesetzt. Verantwortung auf die Prozesseinheiten abzugeben und damit auf Teams zu übertragen, widerspricht grundsätzlich dem hierarchischen Prinzip und verlangt deshalb nach neuen Organisationsformen.

# MANAGEMENT UND FÜHRUNGSPRINZIPIEN

## 1. Fehleinschätzung: Führung bedeutet Verantwortung und Kontrolle

Die wichtigste Klärung bezüglich Führung sind die Fragen nach der Kompetenz, der Durchführung, der Verantwortung und der Kontrolle. Wer die Durchführung einer Aufgabe dem Team überlässt und trotzdem die Kontrolle ausführt, handelt nach bestehender Ordnung, schafft keine Selbstorganisation, sondern Bürokratie, die oberflächlich mit modischen Begriffen übertüncht wird. Es ist, was es ist: Linienführung. Ein echter Coach müsste gehen, wenn Aufträge nicht erfolgreich waren, und sich anderen Aufgaben zuwenden, um es besser zu machen. Wer sich Berater nennt, sollte sich für den Dialog und den erfolgreichen Prozess verantwortlich fühlen. Verantwortung ist nicht teilbar. Wer sich verantwortlich fühlt, muss sich beteiligen, wer sich beteiligt, ist verantwortlich!

## 2. Fehleinschätzung: Es gibt einen Unterschied zwischen Management und Führung

Trotz des Wissens und der vielfachen Bemühung um ganzheitliches Denken wird selbst von angesehenen Kräften noch eine rückschrittliche Trennung vollzogen. Management wird als die Bewältigung von komplexen Anforderungen angesehen: Entwicklung, Herstellung, Finanzieren und Vermarktung. Führung dagegen muss Menschen bewegen und Wandel durchsetzen. Aus diesem Denken entsteht die Aufgliederung in Manager und Führer. Die Aufgaben und Anforderungen werden auf unterschiedlichen Schultern verteilt, ohne dass dies in der Praxis tatsächlich möglich wäre. Es wird übersehen, dass es außer um Umgang mit Finanzen, Technik und Handel auch um Beziehungen geht, ob mit Lieferanten, mit Kunden oder mit Mitarbeitern. Der Versuch einer inhaltlichen Aufgliederung zwischen Aufgaben von Management und Führung erschafft eine unsinnige Aufgabenteilung.

Wer in Zusammenhängen denkt, wird eine solche willkürliche Teilung in den Aufgaben als reduktionistisch erkennen. Lassen wir es zu, dass diese Trennung eingeführt wird, dann ist es logisch, vom „Macher" der 50er-Jahre und dem „Manager als Organisationstalent" jetzt zum „Führer und Sieger" zu gelangen. Die Aufgabe wird zergliedert in Manager und Führer; natürlich modern mit Führungstugenden und Managementwerten ausgestattet (vgl. Höhler, 1993), so als ob Managern in Unternehmen ein größtmögliches Maß von Autonomie möglich wäre, um Prozesse umfassend und eigenständig zu entscheiden. Das Gegenteil ist der Fall. Es sind Abhängigkeiten, beschränkte Freiräume, die größte Anpassungsleistungen verlangen und oftmals in der täglichen Arbeit zermürben. Dagegen stehen auch neue wichtige Untersuchungen (vgl. Die angepasste Elite, Management Magazin 03/1995): Bei einer aktuellen amerikanischen Studie wurden 139 MBA-Absolventen über einen Zeitraum von Jahren von der Pennsylvania State University begleitet, um herauszufinden, wer sich eher in Unternehmen durchsetzt: das anpassungsfähige Chamäleon oder der individualistische Maverick. Eindeutiges Ergebnis: Chamäleons werden häufiger und schneller befördert. Sie lernen die Spielregeln leichter, sind teamfähiger und stoßen andere nicht vor den Kopf. Natürlich gibt es auch hier den Wunsch nach Individualisten. Die reale Praxis spricht dagegen. Das heute so unspektakuläre Bild, das Manager selbst in Top-Positionen abgeben, sind nicht die Rebellen, die dann eher als selbstständige Unternehmer arbeiten, sondern die anpassungsfähigen, angestellten Führungskräfte. Damit wird klar, dass das Ideal und Wunschbild vom durchsetzungsfähigen Individualisten keineswegs mit den Erfordernissen der Unternehmen kompatibel ist. Hieraus entsteht der legitime Wunsch nach mehr Persönlichkeit im Unternehmen, um dem Trend des Anpassertums entgegenzuwirken. Die Fähigkeiten, die gebraucht werden, sind jedoch nicht die eines „Führers". Ein Unternehmen braucht Querdenker und Individualisten wie Kooperative. Alle nach einer Linie auszurichten und nur „Stromlinienförmige" zu fördern, macht Mitarbeiter zu Robotern und das Unternehmen zu einer Wüste.

# 3. Fehleinschätzung: Hierarchie bedeutet Macht

Die Diskussion und Bewertung von Hierarchie hat oft politische und weltanschauliche Dimensionen, die mit konservativer oder progressiver Haltung etikettiert werden. In diesem Denkmodell wird Hierarchie mit Vorhandensein oder Nicht-Vorhandensein von Macht verwechselt und entsprechend ausgeführt. Viele Führungstrainings beschäftigen sich damit, Führung härter oder weicher zu gestalten, Hierarchie mit oder ohne Repressionen zu formen, Aufgaben mit mehr oder weniger Abhängigkeit auszustatten. Der Wunsch ist spürbar: Wie kann ich Einfluss und Entscheidungsbefugnis gewinnen und halten, ohne Macht auszuüben? Bei allen Lösungen, die in Organisationen gefunden werden, bedarf es einer deutlichen Klärung: Liegt die Verantwortung eindeutig bei den Prozessbeteiligten, wird sie gespalten in Durchführung und Kontrolle, oder ist sie ein gemeinsamer Prozess? Höhere Systeme bilden überlebensnotwendige Ordnungen aus, die das Denken und Handeln in Übereinstimmung bringen und die sozialen Beziehungen regeln. Das bedeutet, dass selbst in Teams von Gleichrangigen Hierarchien gebildet werden.

Wenn Teams zu solcher Ordnung fähig sind, welche Voraussetzungen müssen dann vom Management erfüllt werden? Zu viele Manager denken noch in zwei Klassen: Während sie für sich selbst Freiräume in Anspruch nehmen, glauben sie immer noch, ihre Mitarbeiter wünschen sich Anweisungen und Verhaltensvorgaben.

Das Gegenteil ist der Fall. Mitarbeiter lehnen es ab, wenn ihnen fortwährend in die Aufgaben reingeredet wird, wenn sie unselbstständig arbeiten müssen, der Kontrolle unterliegen und Vorgesetzte haben, die alles besser wissen. Wenn aber Kontrolle von „Besserwissern" ausgeübt wird, ist es Mitarbeitern lieber, Anweisungen zu bekommen, als ständig subtil bevormundet zu werden: „Bitte machen Sie selbstständig das, was ich von Ihnen möchte!" Eine weitere Fehleinschätzung der eigenen Leistungsfähigkeit von Managern ist es, sich selbst den Erfolg eines Projektes und allein der eigenen Führungsqualität zuzuordnen. Der Misserfolg wird jedoch auf andere abgeschoben. Erfolg gebührt allen Prozessbeteiligten. Es gibt anerkannte Unterschiede in der Beteiligung, das wird allen Prozessbeteiligten klar sein. Erfolg oder Misserfolg ist jedoch niemals das Ergebnis einer einzelnen Person – und eine direkte Zuordnung ist selten möglich.

Ist Führungsfähigkeit angeboren, antrainiert oder wird sie im Zusammenspiel der Menschen in der Organisation erworben?

135

Führungsfähigkeit ist ein Prozess mit vielfältigen Einflüssen: in der Sache, in der Um- und Weitsicht, dem Mut, etwas zu wagen, oder der Gelassenheit, etwas zu lassen, und last, but not least der Fähigkeit zur Zusammenarbeit und der sozialen Kompetenz. Führungsqualität ist nicht nur das Bild über sich selbst, sondern zeigt sich auch darin, was Mitarbeiter, Kollegen und Vorgesetzte davon halten. Man hat Führungsfähigkeit nicht als Eigenschaft, sondern sie entsteht und erhält sich in der Zusammenarbeit mit Menschen. Somit ist es nützlich zu fragen: „Wie nehme ich Führung wahr, worin zeigt sie sich, mit wem und in welchem Kontext gelingt es mir besser oder schlechter?" Die Erkenntnisse von Zusammenhängen, wie die Systemwissenschaften sie begründen, weisen viele Möglichkeiten und Handlungskonzepte auf und führen so zu einer Wandlung im Rollenverständnis: kongruent, anpassungsfähig und mutig.

Zur Führungskompetenz von Managern gehören daher unterschiedliche Fähigkeiten:

## ■ Die Führungsfähigkeit zu koordinieren

Die Fähigkeit zu koordinieren ermöglicht es, die Ressourcen an Material, Zeit und Kompetenz in ein Zusammenspiel zu bringen, zu ergänzen und auszugleichen. Führen ist damit das Stellen von Aufgaben, das Regeln von Zuständigkeiten und Verantwortungen und das Schaffen von Freiräumen, die Handeln erlauben. Damit werden Abgrenzungen und Zusammenarbeit geklärt. Es werden Regeln für gemeinsames Arbeiten in Projekten aufgebaut, erhalten und wieder aufgelöst, je nach den Notwendigkeiten und Wirkungen. Damit koordiniert ein Manager Führungsaufgaben und gibt die Verantwortung an die Prozesseinheiten. Diese wiederum klären ihre Muster und Regeln der Zusammenarbeit bezüglich Autonomie, Kooperation und Koordination. Durch die Führung werden die Voraussetzungen von der Fremdbestimmung zur Selbstorganisation gelegt. Individuelle Fähigkeiten der Mitarbeiter sind zu fördern: Sie erfahren ihre Begrenzung in der Abstimmung mit anderen und durch die Ausrichtung auf die gemeinsame Aufgabe.

Führungsaufgaben:

◆ Zuständigkeiten und Verantwortung nach innen und außen klären und regeln.
◆ Freiräume schaffen.

# Die Führungsfähigkeit, Innovation zu fördern

Die Fähigkeit, Innovation zu fördern, hilft dem Unternehmen, die Voraussetzungen dafür zu schaffen, sich auf fortlaufende Verbesserung auszurichten. Was sind die Zauberkräfte, die das Unternehmen auf die Zukunft einstellt? Schon heute und noch mehr in der Zukunft wird die Arbeitszeit als Lebenszeit mehr und mehr Bedeutung erlangen. Dann steht die Freude an der zu leistenden Aufgabe, die Herausforderung und die Eigenverantwortlichkeit als Triebfeder für Leistungsbereitschaft im Vordergrund und nicht die Pflicht zur Leistung. Lernen durch Handeln, Lernen aus Fehlern, Lernen aus Unterschieden benötigt Austausch von Informationen, innerhalb und außerhalb der eigenen Organisation. Im Tagesgeschäft wird die notwendige Zeit für den Informationsaustausch als zu aufwendig angesehen und deshalb vermieden oder zurückgestellt. Darin zeigt sich oft genug das Unvermögen von Managern, Komplexität zu gestalten und zu ordnen, oder der verdeckte Widerstand gegen möglichen Wandel. Wer das Tagesgeschäft als wichtiger ansieht und der Reflexion und den Feedback-Schleifen überordnet, wird weder Zeit dafür finden noch sie anderen einräumen. Wer der Kontrolle mehr Aufmerksamkeit widmet als dem direkten Gespräch und der offenen Diskussion, wird keine Innovation ermöglichen. Lernen bedeutet, ein Bewusstsein wachzurufen: zu experimentieren, Fehler zu machen, zu überprüfen und Konsequenzen zu ziehen. Es sind die Lernfähigkeit und die Sensibilität für Neues, die das Unternehmen auf die Zukunft vorbereiten. Entscheidungen in die Zukunft für Entwicklungswege des Unternehmens werden durch Instabilitäten ausgelöst und führen zu chaotischen Phasen. Sie sind die Investments auf zukünftige Ziele und den Erfolg des Unternehmens. Wer neue Wege sucht, muss die Dinge infrage stellen, quer denken und selbst Autoritäten und modischen Strömungen entgegentreten. Erfahrungen sind die Fehler der Vergangenheit. Der Perfektionszwang verhindert häufig das Sammeln von Erfahrungen und Kreativität. Die Zukunftsgestaltung braucht Freiheit zur Entwicklung „Selbst-Lern-Potenziale" (Laszlo, von Lichtenstein, 1992). Mit diesen Potenzialen kommt die Entwicklung verschiedener kleiner, paralleler gezielter Aktionen in Gang, von denen jede die Möglichkeit zum Erfolg in sich trägt. Die eine oder andere dieser Aktionen bringt es auf den Punkt und erzeugt einen größeren und andauernden Erfolg. Manager müssen dieses als ihre elementare Aufgabe ansehen. Sie müssen die Prozesse dafür vorbereiten und die Wege ebnen. Ständig zu lernen, zu absorbieren und noch zu verbessern ist der unbequemere Weg und bedarf der besonderen Ausrichtung und Unterstützung durch das Management.

137

Führungsaufgaben:

- Feedbacks und Reflexion der Mitarbeiter gewährleisten und unterstützen.
- Freude an der Arbeit und Eigenverantwortung fördern.
- Vorbildfunktion wahrnehmen.
- Glaubwürdig handeln.

## Die Führungsfähigkeit, Prozesse zu gestalten

Die Fähigkeit, Prozesse zu gestalten, verlangt die Umkehr von traditionellen Vorgehensweisen, weg vom „Wenn-dann-Prinzip" zur Erfassung von Zusammenhängen. Wenn wir über Prozesse, Prozesseinheiten, Prozessziele nachdenken, dann gehören alle Menschen im Unternehmen diesen Prozessen an. Die aufeinander aufbauenden und voneinander abhängigen Teileinheiten verlangen von Managern, vernetzt zu denken. Gesamtprozesse werden nicht analytisch und reduktionistisch in Teilsysteme oder Komponentenvielfalt unterschieden, aufgelöst und verteilt. Die Aufgabe heißt: Welche Prozesse lassen sich für ein übergeordnetes Prozessziel zusammenfassen? Es müssen Ordnungen geschaffen werden, wo nicht sequenziell gearbeitet wird, sondern gleichzeitig. Damit werden das Umfeld und die möglichen Prozessbeteiligten in jedes Handeln einbezogen und nicht nur informiert. Was ist davon zu halten, wenn bei einer Produktentwicklung der Einkauf Monate, manchmal Jahre nach der Arbeit der Konstruktion dieser mitteilen muss, dass die eingeplanten Teile auf dem Markt zu teuer oder nicht erhältlich sind und deshalb speziell gebaut werden müssen? Die Einflüsse kommen zu spät. Wertvolle Zeit, Kreativität und Kraft gehen verloren und es kostet jede Menge Geld.

Abteilungsdenken und mangelnde interne Kommunikation sind Barrieren, die das Zusammenarbeiten über Abteilungsgrenzen hinaus unzulässig erschweren. In traditionell geführten Unternehmen wird der Erfolg von Abteilungen belohnt und führt deshalb zu Fürstentümern, die in Unternehmen dafür sorgen, dass nicht miteinander, sondern eher gegeneinander oder unabhängig voneinander gearbeitet wird. Der gemeinsame Kunde wird bedient, als ob mehrere Unternehmen für ihn tätig wären. In der Konsequenz beklagen sich die Kunden, dass im Unternehmen der eine nicht weiß, was der andere tut. In einer anderen Weise zeigt sich das Problem, dass der Verkauf oder Service sich darüber beklagt, die Kundenwünsche nicht erfüllen zu können, weil andere Abteilungen individuelleren Lösungen entgegenstehen und die Kunden dadurch frustriert sind.

Um die internen Prozesse der Zusammenarbeit zu verbessern, kamen einige Unternehmen auf die Idee, von internen Kundenbeziehungen zu sprechen. Die Metapher sollte helfen, sich gegenseitig als Kunden zu behandeln und nicht nur die eigenen, sondern auch die Probleme der Kollegen mit lösen zu helfen, sind sie doch Teil der Prozesskette zum externen Kunden und damit erfolgsentscheidend. Die neue Regel heißt: unternehmensinterne vor- und nachgeordnete Beziehungen als „Kunden-Lieferanten-Beziehung" anzusehen. Dieser Lösungsweg ist sehr gut, um am Anfang der Neuausrichtung das Kundenbewusstsein zu schärfen, denn es zeigt das gegenseitige Aufeinanderangewiesensein. Dabei darf man nicht Halt machen, sonst läuft man Gefahr, nur Symptome zu bekämpfen und nicht grundsätzliche Ursachen zu beseitigen. Dieser Weg kann davon ablenken, dass kein Denken für den Gesamtprozess vorhanden ist, sonst wären Abgrenzungen zum Nachteil Vor- und Nachrangiger in der Prozesskette gar nicht möglich. Dies sind Erscheinungen, die darauf hinweisen, wo die Organisation krankt. Die Ausrichtung aller beteiligten Mitarbeiter auf den Kundennutzen, das Produkt, die Leistung, verlangt klar strukturierte Prozesse und übergeordnete Prozessziele.

Führungsaufgaben:

◆ Ganzheitliches Denken und Handeln einführen, dafür die Prozesse zusammenfassen und Ziele definieren.
◆ Prozessbeteiligte permanent einbeziehen.
◆ Verantwortung auf die Prozesseinheiten übertragen.

## ▦ Die Führungsfählgkeit, Kooperation zu fördern

Wer zusammen arbeitet, muss sein Denken und Handeln aufeinander einstellen, zuhören und sich abstimmen. Für diese Fähigkeit braucht man vor allem Kontakt in den Beziehungen. Dies geschieht im konkreten Miteinander. Der Fehler ist, die Zeit dafür als nebensächlich anzusehen, denn genau das Gegenteil ist der Fall. Bevor man sich an die Arbeit macht, ist es wichtig, sich mit den Partnern und Mitarbeitern vertraut zu machen. Würde man sich als Bergsteiger an das Seil des anderen hängen, den man nicht kennt? Manager müssen die Verantwortung für die Kontakte übernehmen. Sie verantworten die Gestaltung und stellen Zeit zur Verfügung, weil sie wissen, dass dadurch Zeit gespart wird. Dieses Investment schafft die Voraussetzung zur Teamidentität, ein „Wir-Gefühl", das das Teamwork unterstützt. Durch dieses „Wir-Gefühl" wird das „Immunsystem" eines Teams gestärkt und es ist dadurch kräftig genug gegenüber Störanfällen. Durch guten Kontakt werden die Voraussetzungen zur gegenseitigen Information und Kommunikation gegeben. Gute Kontakte sparen langwierige Informationswege. Komplexe Kreisläufe benötigen eine Balance der Kräfte, die das Gleichgewicht in dynamischen Netzwerken immer wieder herstellt. Die Balance wird im Gespräch und im Kontakt miteinander gefunden.

Führungsaufgaben:

◆ Zeit zum Gespräch zur Verfügung stellen.
◆ Austausch fördern und unterstützen.
◆ Kräfte ausbalancieren.

## ▨ Die Führungsfähigkeit, Stress und Konflikte zu managen

Konfliktmanagement bedeutet die Fähigkeit zu haben, Konflikte zwischen Menschen zu lösen. Wenn persönliche Interessen nicht durchgesetzt werden können, weil sie an die Grenze der Autonomie stoßen, werden gerne Dritte hinzugezogen. Manager mit Lebenserfahrung und sozialer Kompetenz lassen sich in solche Konfliktfälle nicht verwickeln. Sie helfen das Problem zu charakterisieren, die Beteiligten herauszufinden und die Situation auf eine Ebene zu bringen, auf der eine Lösung erreicht werden kann. Gerade bei der Umstellung auf neue Zusammenarbeit wird gerne nach dem altem Muster die Hierarchieebene übersprungen. Hier gilt es, „sauber zu bleiben", sich für faire Spielregeln einzusetzen und nicht parteiisch zu werden oder in der Sache die Entscheidung zu übernehmen. Konfliktvermeidung durch beschwichtigen, vertrösten, appellieren ist keine Lösung. Es verdeckt Interessenunterschiede, die dann die Lösung auf indirekten und undurchsichtigen Wegen suchen. Sich als Manager klar und eindeutig zu verhalten, schafft Vorbild und wird sich herumsprechen.

Führungsaufgaben:

◆ Problem und Problembeteiligte herausfinden.
◆ Problemlösung auf die richtige Ebene bringen und dort die Lösung suchen.
◆ Für faires Streiten eintreten und Vorbild sein.
◆ Bei Unterschieden den Konsens suchen, wo alle zustimmen können.

| Abb. 29 | **Balance der Interessenunterschiede** |

Konflikte lassen sich regeln

- Win-win-Lösungen sind Investitionen in die Zukunft

- partnerschaftlich, freundschaftlich und im Kontakt miteinander

- sich seiner Gedanken, Gefühle und Handlungen bewusst sein, die anderen verstehen und den Kontext einbeziehen, sind Grundvoraussetzungen für eine optimale Kommunikation

Verhalten:     ⟶     eigene Interessen vertreten

    ⟶     Kompromisse suchen

    ⟶     bei Konflikten miteinander reden

| Abb. 30 | **Schritte zur Konfliktlösung** |

Drei Schritte zur Konfliktlösung:

1. Herausfinden und Klarheit darüber haben, was man selbst will,

2. Erkennen und verstehen, was der andere will,

3. Unterschiede im Dialog herausarbeiten und für beide Ziele eine Win-win-Lösung suchen.

Typische Konfliktsituationen und mögliche Auswege:

Sie haben schon dreimal das gleiche Argument entgegengesetzt. Ihre Warnlampe geht an! Lösung: Stoppen Sie! Nicht mehr weitermachen (= mehr desselben Verhaltens), beobachten Sie die Konsequenzen, die Ihr Stillsein hat! Wissen Sie wirklich schon, was Ihr Gesprächspartner will?

Alle Argumente sind ausgetauscht, es kommt nichts Neues mehr hinzu. Sie spüren den Ärger in sich hochsteigen! Achtung: Ihr Emotionshirn übernimmt die Führung! Lösung: Verabreden Sie einen neuen Termin und besprechen Sie, wie neue Informationen gefunden werden können. Eine Entweder-oder-Lösung ist zu wenig, Sie brauchen einen dritten Weg.

Ihre Argumente sind schwach, Sie wissen es, Ihr Partner weiß es auch und Sie wissen, dass er es weiß. Es ist also reine Selbstverteidigung und höchste Gefahr: Ihr Instinkthirn hat sich eingeschaltet. Lösung: Prüfen Sie, ob es wirklich um Leben und Tod geht. Wenn nicht, schaffen Sie Klarheit, geben Sie Ihre Schwäche zu, Sie machen den Weg frei für etwas anderes.

Unter Zeitdruck, bei größeren Anforderungen und großen Differenzen kommt es zu Stressreaktionen, die sich emotional, aber auch instinktmäßig äußern und entladen können. Hier ist Vorsicht geboten, weil Menschen unter Stress zu lebenslang antrainierten und instinktgesteuerten Reaktionen neigen, je nachdem, wie sehr sie sich bedroht fühlen. Um Eskalationen zu vermeiden, genügt manchmal eine Veränderung der Randbedingungen. Es ist gut, ein paar Anti-Strategien zu kennen, erprobt und trainiert zu haben.

## ■ Die Führungsfähigkeit, eine Harmonie der Gegensätze zu erreichen, ist die Aufgabe des gesamten Managements

Zukünftiges Wirkungsprinzip von Managern wird es sein, in den Hauptströmen des Unternehmens Veränderung zu ermöglichen; Gleichgewicht der Ressourcen zu schaffen, Herausforderungen zu gewährleisten und Verantwortung zu übertragen. Dies kann nicht die Aufgabe Einzelner oder eines jeden sein, sondern muss als gemeinsame Managementaufgabe bewältigt werden. Andere Menschen im Unternehmen zur Zusammenarbeit zu gewinnen, Trends für technisches Knowhow und Wirtschaftlichkeit zu erkennen, Kundennutzen und Mitarbeiterzufriedenheit zu erhöhen, müssen in Einklang gebracht werden, um den Unternehmenserfolg zu sichern. Für diese Aufgabe brauchen Unternehmen nicht die einsamen Führungspersönlichkeiten, sondern ein Management, das sich auf das Zusammenspiel miteinander versteht und sich mit den Mitarbeitern auf ein Ziel konzentrieren kann. Nichts ist frustrierender für Mitarbeiter als ein Management, das Zusammenarbeit predigt und selbst nicht miteinander umgehen kann. Die Konsensfähigkeit im Management wirkt sich spürbar auf alle anderen Beziehungen im Unternehmen aus. Das Management schreibt geistige Entwürfe in die Zukunft, setzt Impulse und löst die sich ergebenden Widersprüche.

Führungsaufgaben:

◆ Gleichgewicht der Ressourcen herstellen.
◆ Herausforderungen gewährleisten.
◆ Die Kräfte auf ein gemeinsames Ziel ausrichten.
◆ Werte schaffen.

# Die Führungsfähigkeit, für seine Überzeugung einzustehen

Diese Fähigkeit sollte in demokratischen Gesellschaften allen Menschen möglich sein. „Ja" zu sagen, wenn man „nein" meint, ist falsch. Für Menschen in führenden Positionen ist das Eintreten für Überzeugungen eine Tugend. Was von Managern verlangt werden kann, ist die kongruente Übereinstimmung ihres Redens und ihres Handelns, dass das, was sie heute sagen, auch morgen noch gilt. Wichtig hierfür ist das Bewusstsein über sich selbst: Was sehe ich, was denke ich, was höre ich, was fühle ich und was bewege ich, um es nach meinen Kräften zu nutzen? Ob Worte mit Taten übereinstimmen, erkennen Mitarbeiter, Kollegen und Kunden bald. Ob Manager anweisen oder zum Dialog fähig sind, ob sie nur kritisieren oder Kritik anderer zulassen können, ob sie zur Zusammenarbeit bereit sind oder einsame Entscheidungen treffen, stellen sie täglich unter Beweis. Viel zu wenig nehmen sich Manager Zeit, sich ihr Denken und Handeln bewusst zu machen, mit anderen Beziehungen zu reflektieren oder gewünschte Verhaltensweisen anzutrainieren. Umso mehr besteht die Gefahr, immer mehr zu vereinsamen, weil der Austausch fehlt und eine natürliche Überprüfung nicht stattfindet. Andere verlieren das Zutrauen zu den eigenen Erkenntnissen und zu der Fähigkeit, dafür einzutreten. Sie wiederum laufen Gefahr, für kurzfristige Erfolge das Fähnchen nach dem Wind zu richten. Manager brauchen die Risikobereitschaft, für Veränderung und Wandel einzutreten, bei Turbulenzen Ausdauer zu zeigen und sich nicht irritieren zu lassen.

Führungsaufgaben:

◆ Kongruentes Verhalten.
◆ Bewusstsein über das eigene Denken, Fühlen und Handeln.
◆ Austausch, Reflexion und Training.
◆ Risikobereitschaft, Ausdauer und Intensität.

## ▨ Können Unternehmen sich alleine verändern oder brauchen Unternehmen Beratung?

Viele Unternehmen sind sehr unsicher, ob sie zu einem Veränderungsprozess Hilfe von außen hinzuziehen sollten. Einerseits ist man ganz sicher, dass der Prozess mit Hilfe von außen anzustoßen sei, andererseits hat man gewisse Vorurteile gegen Berater, die nicht nur helfen, sondern Schaden anrichten könnten und dafür noch viel Geld einstreichen. Dieser eher oberflächlichen Betrachtung liegt die tief liegende Einstellung zugrunde, dass Beratung zu suchen einen sehr ernsthaften Bedarf voraussetzt, der keine anderen Möglichkeiten mehr zulässt. Beratung bedeutet dann, unfähig zu sein, auf schwierige Situationen selbst keine kreativen und intelligenten Lösungen zu finden. Hat das Unternehmen Probleme im Markt oder hat das Management Probleme, die geeigneten Lösungen schnell und wirkungsvoll zu finden, dann bestätigen sich die persönlichen Vorurteile, würden Berater gerufen werden. Diese negative Ausgangssituation steuert das lange Abwarten, bis man seine Krise oder den Engpass öffentlich eingestehen muss und Berater wie rettende Engel erscheinen.

Ganz anders, wenn in die Zukunft geplant und gestaltet werden soll. Hier kann Beratung häufig sehr viel leichter in Anspruch genommen werden, weil es nicht um die Lösung „ungelöster" Probleme geht, sondern um das Planen der Zukunft. Hintergrund dieses Denkens ist natürlich die Art und Weise, wie Generationen von Menschen Lösungen zu finden gelernt haben: nach Möglichkeit alleine. Unsere gesellschaftliche Betonung von Individualität hat einen sehr hohen Wert und wir sind alle von klein auf sehr gut darin geschult. Auch im Management versucht jeder erst einmal, die Probleme selbst zu lösen; daraus folgt, dass Berater erst sehr spät hinzugezogen werden. Dieses Denken setzt sich zwangsläufig durch sehr vorsichtiges Verhalten bis hin zu Misstrauen fort, weil man nur dem vertraut, was man selbst geprüft hat. Die Seite der Berater entspricht dieser Bewertung oft voll und ganz, denn auch Berater sind in diesem Denken erzogen und groß geworden. Sie verhalten sich, als ob sie lösen konnten, was andere nicht geschafft haben. Sie kommen mit fertigen Programmen und versuchen, unterschiedliche Probleme mit den immer gleichen Mitteln zu lösen, statt mit dem Unternehmen *gemeinsam* notwendige Strategieprogramme auszusuchen und für das Unternehmen angemessene Lösungen zu entwickeln.

Ein Unternehmen braucht die Möglichkeit, zu sich selbst in eine Distanz zu treten, eine Übersicht über Vorgänge innerhalb und außerhalb des Unternehmens zu gewinnen. *Unternehmen im Veränderungsprozess brauchen Berater!* Nicht weil sie selbst die Lösung nicht gefunden haben, sondern weil Berater die Möglichkeit eröffnen, das Unternehmen aus anderen Perspektiven zu betrachten. Mit ihnen gemeinsam kann es gelingen, unterschiedliche Beobachtungen und Analysen vorzunehmen, die einen Überblick über das aktuelle Geschehen und die Struktur geben. Damit hat der von außen Kommende, der nicht im Operativen verstrickt ist, *die* Chance, gemeinsam mit dem Unternehmen nach weiteren Alternativen zu suchen.

Wir müssen unser Denken verändern und von der Überbetonung einer *Individualitäts-Kultur zur Kooperations-Kultur* kommen. Berater, die nur Analysen und Vorschläge zur Veränderung machen, passen nicht mehr in die Zeit. Unternehmen brauchen eine Unterstützung bei der Umsetzung, wo Konzepte sich in der Praxis bewähren und den aktuellen Erfordernissen angepasst werden können. Berater mit der Haltung „Ich weiß, was für Sie richtig ist", gehören nicht in die Kooperations-Kultur einer *gemeinsamen* Entwicklung von Analysen, Konzepten und deren Umsetzung. Wenn Probleme zu lösen sind, Herausforderungen nach neuen Möglichkeiten verlangen, unnötige Kapazitäten und Materialien zu vermeiden sind, dann stehen Unternehmen vor folgenden Aufgaben:

1. Die Mitarbeiter zusammenzubringen, die von der Aufgabe, von der Verantwortlichkeit und durch ihr Know-how zur Wertschöpfung beitragen können.
2. Die Möglichkeit zu nutzen, sich selbst mit Abstand und aus unterschiedlichen Perspektiven zu betrachten und sich daraus zu verändern.
3. Durch Kontakt und Austausch eine Kultur zu entwickeln, in der Vielfalt, Konsens und Entscheidung ständige Weiterentwicklung ermöglichen.

Für diese Aufgaben sollten Berater dem Unternehmen zur Verfügung stehen. Für diese Aufgaben sollten Unternehmen Berater frühzeitig zur Zusammenarbeit hinzuziehen.

# Liebe Leserinnen und Leser!

An dieser Stelle sind meineAusführungen zu Ende, *für Sie mag es der Anfang sein!*

Meine Gedanken führten Sie zu Fragen nach dem Ausgleich von Unterschieden und dem Umgang mit Widersprüchen, um Wege zu einer veränderten Unternehmenskultur zu finden. Wenn meine Gedanken Sie zum Handeln ermutigt haben, wünsche ich Ihnen für diese Aufgabe und den Prozess Mut, Ausdauer und viel Erfolg.

Ich danke Ihnen sehr für Ihr Interesse an meiner Arbeit und an meinem Buch!

*Gisela Osterhold*

# Literaturverzeichnis

Ashby, W. R.: Einführung in die Kybernetik, Frankfurt 1974

Binnig, G.: Aus dem Nichts, München 1989

Cecchin, G.: Einladung zur Neugier, in: Familiendynamik 13 (3), 1988

Cramer, F.: Chaos und Ordnung, Stuttgart 1989

Gerken, G.: Manager – Helden des Chaos, Düsseldorf 1994

Gleick, J.: Chaos – Die Ordnung des Universums, München 1988

Guntern, G.: 7 goldene Regeln der Kreativität, Zürich, Berlin, New York 1994

Guntern, G.: Der blinde Tanz zur lautlosen Musik, Brig 1987

Guntern, G.: Im Zeichen des Schmetterlings – Vom Powerplay zum sanften Spiel der Kräfte, Bern, München, Wien 1992

Haken, H.: Erfolgsgeheimnisse der Natur, Synergetik: Die Lehre vom Zusammenwirken, Stuttgart 1986

Handy, C.: The Empty Raincoat, London, 1994, deutsche Fassung: Die Fortschrittsfalle, Wiesbaden 1995

Höhler, G.: Spielregeln für Sieger, Düsseldorf 1993

Kriz, J.: Chaos und Struktur, München 1992

Laszlo, E./von Lichtenstein, A.: Evolutionäres Management, Fulda 1992

Lenz, G./Brunner, E.: Was veranlasst ein Klientensystem zur sprunghaften Veränderung? Ein Erklärungsversuch aus der Perspektive der Selbstorganisationstheorie, in: System Familie, Heft 1, Heidelberg 1993

Lenz, G./Osterhold, G./Ellebracht, H.: Erstarrte Beziehungen – heilendes Chaos, Freiburg 1995

Osterhold, G.: Armut und gesellschaftliche Verunsicherung, in: Menne, K./Alter, K. (Hrsg.), Familie in der Krise, Weinheim 1988

Osterhold, G./Lenz, G.: Coaching und Supervision – die Annäherung, in: Managerseminare Heft 10, 1993

Osterhold, G./Molter, H. (Hrsg.): Systemische Suchttherapie, Heidelberg 1992

Penn, P.: Zirkuläres Fragen, in: Familiendynamik Heft 3, 1983

Satir, V.: Selbstwert und Kommunikation, München 1977

Savage, Ch.: 5th Generation Management, Burlington 1990

Simon, F.: Der Unterschied, der einen Unterschied macht, Berlin 1988

Watzlawick, P. P./Beavin, J./Jackson, D.: Menschliche Kommunikation, Bern 1969

# Abbildungsverzeichnis

# Die Autorin

**Gisela Osterhold**, Jahrgang 1950, ist Consultant und Trainerin mehrerer internationaler Unternehmen. Ihre Schwerpunkte sind Veränderungsmanagement, Veränderung der Unternehmenskultur, Human Resources und die Entwicklung sozialer Kompetenz.

# Register

153

In gleicher Ausstattung sind im FALKEN Verlag erschienen:
Humanes Management als Schlüssel zum Erfolg (7462); Charisma – Mehr Erfolg durch persönliche Ausstrahlung (7464); Mit Benchmarking an die Spitze (7503); Net Gain – Profit im Netz (7504); Anti-Machiavelli für Manager (7463); Erfolgreiche Öffentlichkeitsarbeit (7505); Das Prinzip Unschärfe (2580); Führen mit Visionen (2581); Die Kunst (k)eine perfekte Führungskraft zu sein (2583)

Sie finden uns im Internet: **www.falken.de**

Dieses Buch wurde auf chlorfrei gebleichtem und säurefreiem Papier gedruckt.

Der Text dieses Buches entspricht den Regeln der neuen deutschen Rechtschreibung.


ISBN 3 8068 2582 3

© 2000 by FALKEN Verlag, 65527 Niedernhausen/Ts.
© der Originalausgabe by Betriebswirtschaftlicher Verlag Dr. Th. Gabler GmbH, Wiesbaden
Die Verwertung der Texte und Bilder, auch auszugsweise, ist ohne Zustimmung des Verlags urheberrechtswidrig und strafbar. Dies gilt auch für Vervielfältigungen, Übersetzungen, Mikroverfilmung und für die Verarbeitung in elektronischen Systemen.

**Umschlaggestaltung:** Rohwedder-Becker, Büro für Konzept und Gestaltung, Mainz
**Layout:** Klaus Ohl, Wiesbaden
**Titelfoto:** BAVARIA, München/VCL
**Lektorat:** Ulrike M. Vetter
**Redaktion der Lizenzausgabe:** Simone Harland, Pegestorf
**Koordination:** Christiane Kramer
**Herstellung:** Petra Becker

Die Ratschläge in diesem Buch sind von Autor und Verlag sorgfältig erwogen und geprüft, dennoch kann eine Garantie nicht übernommen werden. Eine Haftung des Autors bzw. des Verlags und seiner Beauftragten für Personen-, Sach- und Vermögensschäden ist ausgeschlossen.

**Satz:** FROMM MediaDesign GmbH, Selters/Ts.
**Druck:** Ludwig Auer GmbH, Donauwörth

817 2635 4453 6271

# Managen in Echtzeit

Von Stan Davis, Christopher Meyer
208 Seiten, kartoniert
**ISBN:** 3-8068-2580-7
DM 29,90

Die weltweite Vernetzung von Unternehmen diktiert
neue Spielregeln: Jeder ist mit jedem in Echtzeit
verbunden. Die Geschwindigkeit von Geschäften
und Entscheidungen nimmt zu und die Grenzen von
Unternehmen verlieren an Schärfe.

- *Information und Wissen als wichtigste Ressourcen*
- *Vernetzung: Aktuelle Entwicklungen und
  Auswirkungen auf Unternehmen*
- *Führen nach den Regeln des Marktes*
- *Tipps für die erfolgreiche Management-Praxis*

Stand der Preise 1.1.2000 · Änderungen vorbehalten

# Führung
# und Management

Von B. A. Grimm
208 Seiten, kartoniert
**ISBN:** 3-8068-**7463**-8
DM 29,90

- *Machiavelli irrt: Führung ist
  Verantwortung*
- *Macht und Moral: Freiheit und Würde
  müssen gewährleistet sein*

Von R. Salmon
288 Seiten, kartoniert
**ISBN:** 3-8068-**7462**-X
DM 39,90

- *Das Unternehmen als Hoffnungsträger
  und Sinnstifter*
- *Die sieben Schlüssel zu dauerhaftem
  Wohlstand*

# Charisma und Visionen

Von W. W. Lasko
256 Seiten, kartoniert
ISBN: 3-8068-7464-6
DM 29,90

- *Wer wirkt, kann mehr bewirken*
- *Präsenz und Power, Harmonie und Authentizität*

Von M. zur Bonson
160 Seiten, kartoniert
ISBN: 3-8068-2581-5
DM 39,90

- *Der Weg zum ganzheitlichen Management*
- *Beispiele aus Geschichte, Literatur und Praxis*
- *Kanäle oder Blockaden für den Energiefluss*

Stand der Preise 1.1.2000 · Änderungen vorbehalten